AF331445

CATALOGUE

Des Livres de Guillavme Desprez, Libraire ruë Saint Jacques à Saint Prosper, avec les prix de chacun.

M. de S. Cyran.

Confiderations Chreftiennes fur la mort, avec la Preparation à la mort. 12° 45 fols

Penfées Chreftienne fur la pauvreté, 12° 30 fols.

Explication des Myfteres contenus dans l'Office de l'Eglife, 12°. 25 f.

M. Pafcal.

Penfées fur la Religion & fur quelques autres fujets. 12. 50 f.

Traitez de l'Equilibre des liqueurs & de la pefanteur de la maffe de l'air, 12. 30 f.

Traitez du Triangle Aritmethique, 4°. 25 fols.

Cenfures de la Faculté de Theologie de Paris.

Cenfura Facultatis Theologiæ Parifienfis in librum cui titulus eft, *la deffenfe de l'authorité de N. S. P. le Pape, de Noffeigneurs les Cardinaux, les Archevefques, & Evefques, & de l'employ des Religieux Mandians contre les erreurs de ce temps,* par Iacques de Vernant à Mets 1658. Con-

firmata ex scripuris sacris, Conciliorum
geſtis & Canonibus , Summorum Pontificum Decretis , Sanctorum Patrum
Auctoritatibus, Veterum Theologorum,
ſententiis , ac Probatorum Hiſtorico-
rum Monumentis. Opera ac ſtudio quo-.
rumdam Teologorum Pariſienſium, 4 l.
Cenſura Facultatis Theologiæ Pariſienſis in
librum cui Titulus eſt , *Amadæi Guime-*
nij Lomarenſis olim primarij ſacræ Theo-
logiæ Profeſſoris opuſculum , ſingularia
univerſa ferè Theologiæ Moralis comple-
ctens : adverſus quorumdam expoſtulatio-
nes contra nonnullas Ieſuitarum opiniones
Morales ad tractatus de Peccatis , de Opi-
nione probabili , &c.   5 ſ.
Cenſura Facultatis Theologiæ Pariſienſis.
Lata in Teſim Propugnatam Pariſiis.14.
Aprilis 1666. apud Clericos Regulares
Theatinos ,   3 ſ.

M. Marais.

Diſcours de la Hierarchie & des mœurs de
l'Egliſe. Prononcé en preſence de M. le
Recteur & des quatre facultez aſſem-
blées proceſſionnellement en l'Egliſe de
Saint Loüis dans l'Iſle ,   10 ſ.
Diſcours de la Deffence de la Verité.
Prononcé auſſi en preſence de M. le
Recteur, & des quatre Facultez aſſem-
blées proceſſionnellement en l'Egliſe de
S. Jacques de la Boucherie ,   15 ſ.
Theſes de Theologie ſoutenûës en preſence
de Monſeigneur l'Archevefque de Sens

dans son Seminaire Archiepiscopal contre les erreurs des Casuites modernes, 6 f.

Les Epistres & les Evangiles avec les oraisons de l'Eglise qui se disent à la sainte Messe pendant toute l'année, de la traduction de M. de Bonneval, 45 f.

Lèo Magnus. folio, 8 liv.

Augustinus. in Psalmos, 8° 2. Vol. 6 l.

Recueil de Vies de quelques Saints nouvellement traduites, sçavoir,

La Vie de Saint Ignace Martyr, Evesque d'Antioche avec ses Epistres,

L'Histoire des premiers Martyrs de Lyon & de Vienne.

La Conversion & le Martyre de Sainte Afre, & ses Compagnes,

La vie de S. Marcel, Evesque & Patron de Paris,

La Vie de Sainte Genevieve Vierge & Patronne de Paris,

La vie de Saint Goard, Prestre,

La Vie de Sigebert III. Roy de France,

La Vie de Saint Cyran Abbé,

L'Histoire de Sainte Sophie, fille de Bela Roy d'Hongrie,

La Vie de Sainte Eustache Martyr , & Patron de Paris, en un Volume, 12° 40 f.

Concilium Tridentinum, 12° 30. f.

Catechismus Concilij, 12° 30 f.

Jansenius Episcopus Iprensis in Pentatheucum, 4°. 3 liv. 10 f.

Idem in Evangelia 4°. 3 liv. 10 f.

Cardinalis Toleti Instructio Sacerdotum 50 sols.

L'ancienne Police de l'Eglise sur l'admi-
niftration de l'Euchariftie par M. de
l'Aubefpine, Evefque d'Orleans, 30. f.
Difcours Ecclefiaftiques contre le Paganif-
me des Roys de la Feve & du Roy-boit
pratiqué par les Chrestiens charnels en la
veille & au jour de l'Epiphanie, par M.
Deflyons, Doyen de Senlis. 25 f.
Motifs de la Converfion du fieur de la Parre
cy-devant Miniftre à Monpellier. 25 f.
Recueil des Conferences Ecclefiaftiques du
Diocefe de Sens, 4°
Catechifme de M. l'Archevefque de Sens,
12°
Ordonnances Synodales de M. l'Archevefque de Sens, 12°
Le Chreftien defabufé du Monde, 4° 5 f.
Examen general de tous les Eftats, & conditions, & des pechez que l'on y peut
commettre, tiré de l'Ecriture, des Con-
ciles, des Peres & des Ordonnances de
nos Roys, pour fervir d'inftruction aux
Penitens & aux Confeffeurs qui veulent
travailler ferieufement au falut des ames,
par le Sieur de Saint Germain, 12° 40 f.
Regles Chreftiennes établies fur les maximes de Jesus-Christ, & de l'Eglife
pour vivre faintement dans le mariage,
12° 20 f.
Difcours Chreftien fur l'eftabliffement du
Bureau des Pauvres de Beauvais, 4°
10 fols.
Pratique Spirituelle pour la conduite des
Ames en Efprit & Verité, dans toutes les

conditions, 40 f.

Remarques sur un livre intitulé l'Ancienne
nouveauté. 25 f.

L'esprit de l'ordre de Grandmont, tirée de
la doctrine de Saint Estienne son premier Instituteur, & de la Regle de
cet ordre dressée par Clement III.
Par Charles Fremon, Religieux du mes-
me Ordre, 50 f.

Raisons des Ceremonies ordinaires de la
Sainte Messe, avec des Reflexions morales, sur toutes les parties qui la com-
posent. 3 livres.

Tertulien du Manteau, 20 f.
——— Idem, de la Patience, 20 f.
——— Idem, de l'exhortation au Mar-
tyre, 12° 20 f.

Kempis de Imitatione Christi, 12° 25 f.

Thesaurus Sacerdotum & Clericorum,
12° 25 f.

Les Saintes Tenebres en vers François,
avec le Latin à costé & des nottes pour
l'intelligence de l'Escriture & de la
morale Chrestienne, 12° 30 f.

'Artisan Chrestien, ou la Vie du bon
Henry, Instituteur & Fondateur des
freres Cordonniers & Tailleurs, 12°
30 sols.

Instructio. pour une Reyne Chrestienne,
25. sols

Nouveau Testament, 24. 25 f.

Le Pedagogue Chrestien par le P. d'Outre-
men, 4° 4 l. 10 f.

Relation de la Cour de France, 12° 20 f.

Voyage de Dannemarck , 12°   25 f.
Voyage de Conſtantinople , 12°   25 f.
Philoſophia Vulgaris refutata , 12°   30 f.
Oraiſon Funebre de Meſſire Jean Fran-
 çois de Gondi , Premier Archeveſque de
 Paris , par M. Mazure Curé de Saint
 Paul , 4°   10 f.
Lettre du Curé de S.ᵗEuſebe au P. Segueran
Jeſuite , ſur l’obligation de ſe confeſſer à ſa
 Parroiſſe , 4°   10 f.
L’uſage des paſſions , par le P. Senault ,
 12°   30 f.
Declarations du Roy , Statuts , Regle-
 mens , & Arreſts pour les deſſeichemens
 des marais du Poictou , Xainctonge , &
 Aunis , 4°   30 f.
L’on imprime un Diſcours ſur les Penſées
 de M. Paſcal.
L’on imprime deux Traitez , dont le pre-
 mier eſt de la Jalouſie , le ſecond de
 la Pareſſe ,
L’on imprime les Satuts Synodaux de M.
 l’Eveſque d’Alet.
L’on trouvera auſſi chez ledit DESPREZ ,
 toutes ſortes de Livres de toutes les Sciences.

CATALOGUE

DES LIVRES

DE LA BIBLIOTHEQUE

DE M. ***.

Dont la Vente se fera Lundi 17 Novembre 1783, & jours suivans, trois heures de relevée, à l'hôtel de Bullion, rue Plâtriere.

A PARIS,

Chez SAUGRAIN, Libraire, Quai des Augustins.

M. DCC. LXXXIII.

AVERTISSEMENT.

CE Catalogue renferme plusieurs Livres précieux en Histoire naturelle, en Médecine, en Antiquités ; il s'y trouve plusieurs Ouvrages coloriés de Londres, de Copenhague, de Nuremberg, d'Amsterdam, tels que l'*Histoire naturelle de MM. de Buffon & d'Aubenton*, grand papier, édition d'Hollande ; l'*Histoire de la Caroline*, par *Catesby*, premiere édition ; le *Traité des Arbres des Forêts*, par *M. Oehalsen* ; l'*Histoire naturelle des Oiseaux*, par *de la Haye* ; le *Traité des Coquillages*, par *Regenfus* ; l'*Anatomie de la partie de la génération de la Femme*, grandeur naturelle, par *Hunter* ; le *Recueil des Instrumens de Chirurgie*, par *Bambillac* ; les *Antiquités de Balbec & de Ionian*, &c. &c.

Tous les Ouvrages coloriés de M. Buc'hoz, formant aussi partie de ce Catalogue, sont très-bien exécutés, & sont des Exemplaires de Présens ; d'ailleurs ces Livres sont de la meilleure condition, & reliés la plupart à neuf, en maroquin & veau.

CATALOGUE

DES LIVRES

DE LA BIBLIOTHEQUE

DE M. ***.

THÉOLOGIE.

1. **Biblia** sacra vulgatæ editionis Sixti V. Pont. Max. juſſu recognita atque edita. *Antuerpiæ, ex oﬁcinâ Plantinianâ. Joan. Moretus*, 1603, *in-fol. v. m.* liber rarus.

2. Novum Teſtamentum Græcum. *Pariſiis, Typogr. regia* 1676, *in-fol. velin*, ex editione Henrici Stephani.

3. J. Harduini Commentarius in novum Teſtamentum. *Amſtelod. du Sauzet*, 1741, 1 *vol. in-fol. br. en carton.*

4. Exiſtence de Dieu démontrée par les merveilles de la Nature, par *Nieuwentyt. Leipſic, & Amſterdam, Merkus*, 1760, *in-4.* fig. v.

5. Sermons ſur diverſes matieres importantes, par *Tillotſon*, traduits de l'Anglois par *Jean Barbeyrac. Amſterdam, Rey*, 1767, 8 vol. *in-12.* v.

6. Converſations chrétiennes, par le R. P. *Mallebranche. Paris, David*, 1733, *in-12.* baſ.

7. Catéchiſme pour l'inſtruction des jeunes Gens, par *Jacques Saurin. La Haye, Scheuleer*, 1757, *in-12.* baſ.

8. Hiſtoire de la Fable, conférée avec l'Hiſtoire Sainte, par M. *de Lavaur. Amſterdam*, 1731, 2 vol. *in-12.* baſ.

A

9. L'Alcoran de Mahomet, traduit de l'Arabe par *du Ryer*, avec les Obſervations de M. *Sale: Amſterdam*, *Merkus*, 2 vol. *in*-12. baſ.

JURISPRUDENCE.

10. Traité des Loix politiques des Romains du temps de la République, par M. *du Palais de Teſſulo. La Haye*, *Munnikhuizen*, 1780, 2 vol. *in*-8. baſ.

SCIENCES ET ARTS.

11. Ariſtotelis Opera omnia Græcè & Latinè, ex recenſione & cum notis *Guill. Duval. Lutetiæ Pariſiorum*, *Typis regiis*, 1619, 2 vol. *in-fol.* v. ouvrage très-bien conſervé.

12. Syſtème général, politique, économique d'adminiſtration, 1781, *in*-4. broché.

13. Les Characteriſticks, Lettres, & autres ouvrages de Milord Comte de Schaftsbury, traduits de l'Anglois ſur la derniere édition, par M. *Paſchal*, & revus ſur l'original par *M. J. B. Robiau. Amſterdam*, 1780, 3 vol. *in*-8. baſ.

14. Anti-Machiavellus, ſive ſpecimen diſquiſitionum ad Principem Machiavelli. *Amſtelodami, Waesberge*, 1743, *in*-8. baſ.

15. Les Œuvres du Comte Algarotti, traduites de l'Italien. *Berlin, Decker*, 1772, 7 vol. *in*-12. baſ.

16. Le Mentor moderne, ou Diſcours ſur les mœurs du ſiecle, traduit de l'Anglois, par MM. *Adiſſon, Steele* & autres. *Amſterdam, Humbert*, 1727, 8 vol. *in*-12. br.

17. Recueil de diverſes pieces ſur la Philoſophie, la Religion naturelle, l'Hiſtoire, les Mathématiques, par MM. *Leibnitz, Clarke, Newton*, & autres Auteurs célèbres. *Amſterdam, Changuyon*, 1740, 2 vol. *in*-12. baſ.

18. Correſpondance philoſophique, hiſtorique & critique entre un Juif & ſes Correſpondans, &c. *La Haye, Paupie*, 1782, 6 vol. *in*-12. baſ.

19. Elémens de la Philoſophie rurale. *La Haye*, 1767, 1 vol. *in*-12. baſ.

20. L'Ami des Hommes, par le Marquis de Mirabeau, *La Haye, Gibert*, 1768, 6 vol. *in*-12. baſ.

21. Théorie de l'Impôt, par le même. *La Haye, Gibert,* 1761, 1 vol. *in-12.* baf.

22. Œuvres de Phyfique & de Méchanique de MM. *C. & P. Perrault. Amflerdam, Vander-Aa,* 1720, 2 vol. *in-4.* avec fig. demi-reliure.

23. Deux nouveaux Traités fur les Microfcopes & chambres obfcures, *par Guillaume Burucher,* avec des figures fupérieurement coloriées, 2 brochures *in-4.* en idiome Allemand. *Nuremberg, Winterfchmidt,* 1776, ouvrage très-curieux.

24. Confidérations fur les montagnes volcaniques, par *Collini. Manheim, Fontaine,* 1781, *in-4* avec fig. br.

25. Obfervations microfcopiques fur le Scigle & le Lupin, par *Ledermuller. Nuremberg,* 1764, *in-fol.,* avec figures coloriées, br. ouvrage très-curieux & très-bien colorié.

26. Obfervations fur la Phyfique, l'Hiftoire Naturelle & les Arts, par M. l'Abbé *Rofier,* année 1781. *Paris,* 2 vol. *in-8.* avec fig. baf. — Les mêmes, année 1782. br.

27. Obfervationes circa viventia, quæ in rebus non viventibus reperiuntur, autore *P. Philippo Bonanni. Romæ, Hercules,* 1691, *in-4.* avec fig. v.

28. Obfervations microfcopiques de *Guillaume Frederic de Gleichen. Nuremberg,* 1778, 1 vol. *in-4.* cum multis figuris, v. Cet ouvrage, écrit en Allemand, eft trèscurieux ; on y trouve fupérieurement repréfentés les infectes d'infufions vus au microfcope.

29. Traité de Phyfique, par *Rohault. Paris, Saureux,* 1671, 2 vol. *in-4.* demi-reliure.

30. Machine d'Optique, par *Berucher,* en Allemand. *Nuremberg,* 1766, 1 vol. *in-12.* avec figures coloriées, br.

31. Elémens de la Philofophie Newtonienne, traduits de l'Anglois de *Pemberton. Leypfic & Amflerdam, Merkus,* 1755, *in-8.* avec figures, baf.

31 (*bis*). Memorie fopra la Fifica e Iftoria naturale di diverfi valentuomini in Lucca, 1783, 3 vol. *in-8.* cum fig. velin.

32. Hiftoire du Ciel, où l'on recherche l'origine de l'idolâtrie, & les méprifes des Philofophes fur la formation & les influences des corps céleftes, par *Pluche. Paris, Etienne,* 1740, 2 vol. *in-12.* avec figures.

33. Obfervations phyfiques & morales fur l'inftinct des animaux, leur induftrie & leurs mœurs, traduites de

(4)

l'Allemand de *Herman Samuel Reimar*, par *Renaulme de
la Tache*. Amſterdam, Changuion, 1770, 2 vol. in-12. baſ.

34. Traité d'Optique ſur les réflexions, réfractions &
couleurs de la lumiere, traduit de l'Anglois de *Newton*.
Amſterdam, Humbert, 1720, 2 vol. in-12. avec fig. baſ.

35. Poly Metroſcope Dioptrique, par *Guillaume Burucher*,
en Allemand. Nuremberg, 1766, 1 vol. in-12. broché,
avec figures coloriées.

36. L'Origine ancienne de la Phyſique nouvelle, par *Regnault*. Amſterdam, 1735, 3 vol. in-12. baſ.

37. Hiſtoire Naturelle, générale & particuliere, par MM.
le Comte *de Buffon* & *d'Aubenton*. Amſterdam, Schneider,
1766 à 1781, 21 vol. in-4. grand papier, avec figures,
ſupérieurement coloriées, dont 20 vol. réliés en veau
écaille, doré ſur tranche, avec filets, & le 21ᵉ broché.
Cette édition a été publiée par les ſoins de M. *Alla-
mand*, célebre Profeſſeur en Hiſtoire Naturelle à Leyde,
& renferme différens genres & eſpeces d'animaux qui
ne ſe trouvent pas dans l'édition de Paris. Cet ouvrage
curieux, & parfaitement exécuté pour le coloris, ſe
vend en feuilles à Amſterdam 650 liv. L'édition de
Paris n'a pas été tirée en grand papier, comme celle-ci.

38. Deux centuries de Planches enluminées & non enluminées, repréſentant au naturel ce qui ſe trouve de
plus intéreſſant parmi les animaux, les végétaux & les
minéraux, par M. *Buc'hoz*, *Paris*, l'Auteur, 1774 &
années ſuivantes, 20 cahiers, grand papier, broché en
carton en deux volumes : ouvrage complet, & qui ſe
vend 600 livres dans le commerce ; il eſt très-bien colorié ; la partie des animaux eſt très-belle ; celle des minéraux eſt très-curieuſe ; & parmi les Plantes, on ne
trouve que les Plantes médicinales & uſuelles de la
Chine, gravées pour la premiere fois dans cet ouvrage,
& d'après un manuſcrit tiré de là Bibliotheque de l'Empereur de la Chine.

39. Hiſtoire Naturelle de la Caroline, de la Floride, &
des Iſles de Bahama, par *Marc Catesby*. London,
Marſch, 1754, 2 vol. *in-folio*, grand papier, figures
coloriées & demi-reliure. Cet ouvrage eſt la premiere
édition ; celle de 1732 eſt la même. Comme cette hiſtoire a été diſtribuée par partie, lorſque la derniere édition
a paru en 1754, on a changé le titre ; & au lieu de

1732, qui eſt préciſément l'année où le premier cahier a paru, on a mis dans le titre 1754. Cette premiere édition eſt très-rare, même à Londres; la feconde édition a paru dans cette même ville en 1771, & on en a publié une contrefaçon chez *Seligmann*, à *Nuremberg*: on recherche, par préférence, l'édition annoncée dans ce numéro, parce que les Planches en font beaucoup mieux coloriées & plus exaĉtes; la feconde édition n'eſt pas coloriée exaĉtement ni d'après nature.

40. Mélanges d'Hiſtoire Naturelle, par *Alleon du Lac.* *Lyon*, *Duplain*, 1763, 6 vol. *in*-8. avec figures, baſ.

41. Précis d'Hiſtoire Naturelle, par l'Abbé *Saury. Yverdun*, 1779, 7 vol. *in*-12. baſ.

42. Traité des Pétrifications. *Paris*, *Briaſſon*, 1742, *in*-4. avec figures, v.

43. Hiſtoire générale & économique des trois Regnes, par *Buc'hoʒ*, 1 vol. *in-fol.* broché en carton.

44. La même, 4 vol. *in*-8. brochés. L'édition *in-fol.* & *in*-8. fe vendent indiſtinĉtement, dans le commerce, 24 livres.

45. Sendelii Hiſtoria fuccinorum corpora aliena involventium & naturæ Opera piĉtorum & cœlitorum. *Lipſiæ*, *Gleditſcht*, 1742, *in-fol.* cum fig. v.

46. Joan. Jacob. Scheuchzeri herbarium diluvianum. *Lugdb.* *Wander-Aa*, 1723, cum fig. editio auĉtior.

47. La Pyrithologie, ou Hiſtoire Naturelle de la Pyrite, traduit de l'Allemand de *Henckel*, par M. le Baron d'*Olbach. Paris*, *Heriſſant*, 1760, 2 vol. *in*-4, avec fig. v.

48. Chryſtolographie, ou Defcription des formes propres à tous les corps du regne minéral, avec figures & tableaux fynoptiques de tous les cryſtaux connus par M. *Romé de l'Iſle. Paris*, *Imprimerie de* MONSIEUR, 1783, 4 vol. *in*-8. avec fig. veau.

49. Diĉtionnaire univerfel des Foſſiles propres & accidentels; par *Bertrand. La Haye*, *Goſſe*, 1763, 2 tomes reliés en 1 vol. *in*-8. v.

50. Minéralogie Sicilienne docimaſtique & métallurgique, fuivie de la Minérhydrologie Sicilienne, par l'Auteur de la Lythologie Sicilienne. *Turin*, *Reycends*, 1780, v.

51. Eſſais fur la Minéralogie & la Métallurgie, par M. *Deluchet. Maſtricht*, *Dufour*, 1779, *in*-8. baſ.

52. Lettres fur la Minéralogie & fur divers autres objets

de l'Histoire Naturelle de l'Italie ; par *Ferberg* , & traduites par M. le Baron de *Dietrich*. *Strasbourg* , *Treuttel* ,
1776 , 1 vol. *in-*8. baf.

53. Mémoires fur quelques Foffiles d'Artois, pour fervir
à l'Hiftoire Naturelle de cette Province. *Arras* , 1765,
1 vol. *in-*12. broché.

53 (*bis*). La Platine, ou l'Or blanc, huitieme métal. *Paris* ,
le Breton , 1758 , 1 vol. *in-*12. baf.

54. *Les Dons merveilleux & diverfement coloriés dans le
Regne minéral , par. Buc'hoz* , 1 vol. *in fol.* papier d'Hollande , avec Planches fupérieurement coloriées , broché.
Cet ouvrage renferme 100 Planches , très-artiftement
coloriées ; c'eft le premier exemplaire complet qui paroît ;
il fe vendra 150 livres dans le commerce : on donne
la reconnoiffance pour fournir l'explication dans le cou-
rant du mois prochain.

55. Le même , fans être colorié.

56. Poetæ Latini , rei venaticæ fcriptores & Bucolici antiqui
cum notis variorum. *Lugdb. Lanprack* , 1728 , *in-*4. v.

57. Le Gentilhomme cultivateur , ou Corps complet d'A-
griculture , traduit de l'Anglois par *Dupuy Demportes*.
Paris , 1761 , 8 tomes reliés en 4 vol. *in-*4. avec fig. baf.

58. Sylva or à Difcourfe of Forefts-tren by john evelyn ,
With notes of a hunter. *Yorck* , 1776 , gros vol. *in-*4.
avec fig. br. en carton. Cet ouvrage concerne les arbres
des forêts ; il eft très bien exécuté : on le vend à Londres
trois guinées. Comme cet exemplaire eft un exemplaire
de foufcription , les épreuves en font très-belles.

59. Des femis & plantations des arbres , & de leur culture ,
par *Duhamel du Monceau*. *Paris* , *de la Tour* , 1760 ,
1 vol. *in* 4. avec fig. v.

60. Memorie di Offervazioni , e di fperienze fopra la
coltura , e gli ufi di varie piante che fervono , o che
fervir poffono utilmente alla tintura all' œconomia , all'
agricoltura , auctore di Petro Arduino. *In Padova* , 1766 ,
1 vol. *in-*4. cum fig. Cet ouvrage eft un Traité complet
en forme d'obfervations fur la culture & la confervation
des Plantes qui font utiles dans la teinture , l'économie ,
l'agriculture. M. *Ardouin* , qui en eft l'auteur , eft très-
verfé dans cette partie ; les Planches font fort bien gravées.

61. Ferrarii hefperides , five de malorum aureorum culturâ
& ufu Libri IV. *Romæ* , *Scheuff* , 1646 , *in-fol.* cum fig. v.

62. Traité des arbres, arbrisseaux & arbustes de nos forêts, contenant les descriptions exactes de tout ce qui concerne leur nature & leur culture, traduit de l'Allemand de M. *Oelhafen*, par *Godefroy Benistant. Nuremberg*, 1775, 1 vol. *in*-8. avec figures coloriées, maroquin rouge, reliure de *Derome* le jeune. Cet ouvrage est très-bien colorié; on le vend 60 livres en feuilles à *Nuremberg*.

63. Mémoires & Observations curieuses, recueillies par la Société économique de *Berne*, depuis son origine en 1768 jusqu'à présent, 16 vol. *in* 8. br. en carton.

64. Dictionnaire domestique portatif, contenant toutes les connoissances relatives a l'économie domestique & rurale, par une société de Gens de Lettres. *Paris*, *Vincent*, 1762, 3 vol. *in* 8. v.

65. Mémoire sur la qualité & sur l'emploi des engrais, par *de Maffac. Paris*, *Ganeau*, 1767, *in*-12.

66. Le Gentilhomme maréchal, traduit de l'anglois *de Jean Bertlot*, par *Dupuy Demporte. Paris*, *Jombert*, 1756, 1 vol. *in*-12, avec fig.

67. Médecine des animaux domestiques, par *Buc'hoz. Paris*, *l'Auteur*, 1782, 1 vol. *in*-12, veau.

68. Histoire des insectes nuisibles à l'homme, aux bestiaux, à l'agriculture & au jardinage, par *Buc'hoz*, seconde édit. *Paris*, *Durand*, 1782, 1 vol. *in*-12. br.

69. Méthodes sûres & faciles pour détruire les loups, les renards, les loutres, les fouines, les belettes, les lapins, les loirs, les mulots, les rats, les souris, les musaraignes, les taupes, les crapauds, les viperes, les serpens, & autres animaux nuisibles, par *Buc'hoz*, seconde édition. *Paris*, *l'Auteur*, 1783, 1 vol. *in*-12. broché.

70. Trésor des Laboureurs dans les oiseaux de basse-cour, par *Buc'hoz*, quatrieme édition. *Paris*, *Durand*, 1782, 1 vol. *in*-12. broché.

71. Amusemens des Dames dans les oiseaux de volieres, par *Buc'hoz. Paris*, *l'Auteur*, 1782, 1 vol. *in*-12 br.

72. Manuel usuel & économique des plantes, par *Buc'hoz. Paris*, *l'Auteur*, 1783, 1 vol. *in*-12. broché.

73. Les agrémens des Campagnards dans la chasse des oiseaux, & le plaisir des grands Seigneurs dans ceux de fauconnerie, par *Buc'hoz. Paris*, *l'Auteur*, 1784, 1. vol. *in*-12. broché.

A 4

74. Journal économique des trois regnes, ou la nature
considérée sous ses différens aspects, par *Buc'hoz*. *Paris*,
1781 , 1783 , seconde édition, 5 vol. *in-12.* broché.

75. Présens de Flore à la Nation françoise, ou Traité
historique des plantes qui habitent la France , avec tous
les détails qui peuvent les concerner, par *Buc'hoz*. *Paris*,
l'Auteur, 1782 , 1 vol. *in-4.* Cet ouvrage se continue.

76. Julii Cæsaris Scaligeri animadversiones in sex libros
de causis plantarum , *Theophrasti*. *Genevæ* , *Crispinus* ,
1566 , *in-fol.* vélin.

77. Hortus sanitatis , 1491 , *in-fol.* avec fig. en bois , gothique , & très-bien conservé, imprimé en rouge & noir ,
veau , rare.

78. Le même traduit en françois , & imprimé en gothique.
Paris, *Philippe le Noir* , *in-fol.* avec figures en bois ,
vélin , rare.

79. Caroli Linnæi disquisitio de sexu plantarum. *Petropoli*,
Typis , *acad. scient.* 1760 , *in-4.* veau.

80. Joan. Pitton de Tournefort, institutiones rei herbariæ, cum
corollario. *Parisiis* , *Typ. regia* , 1700, 3 vol. *in-4.* avec fig.
veau éc. à 3 filets. Cette édition est très recherchée.

81. Cæsaris Commelin præludia , Botanica ad publicas plantarum exoticarum demonstrationes. *Lugdb. Haring.* 1703,
in-4. cum fig. veau ; ouvrage estimé; les gravures en sont
excellentes.

82. Cæsaris Commelin , horti medici Amstelodamensis
plantæ rariores & exoticæ. *Lugdb. Haring.* 1706, *in-4.*
cum fig. veau; ouvrage estimé comme le précédent.

83. Joan. Burmanni , variarum plantarum Africanarum
decades decem. *Amstelodami* , *Baussiere*, 1738 , 1 vol.
in-4. cum fig. v. Cet ouvrage n'est plus dans le commerce ; l'édition est épuisée.

84. Joannis Burmanni Thesaurus Zeylanicus, exhibens plan-
tas in insula Zeylana nascentes. *Amstelodami* , *Waesberges* ,
1737 , *in* 8. cum fig. v.

85. Herbier colorié de l'Amérique, représentant les Plantes
les plus rares & les plus curieuses de cette partie du
monde , par *Buc'hoz*. *Paris* , l'Auteur, 1783 , avec fig.
coloriées, grand papier d'Hollande , maroquin rouge ,
reliure de *Derome* le jeune. Cet ouvrage renferme 100
Planches gravées & coloriées , représentant plusieurs
Plantes nouvelles , dont on n'avoit pas encore publié la

(9)

figure; il est joliment colorié, & terminé depuis peu : il se vend 150 livres.

86. Herbier colorié de la Chine, ou représentations des Plantes médicinales de ce Royaume, par *Buc'hoz. Paris*, l'Auteur, 1783, 1 vol. *in-fol.* avec fig. coloriées, gr. pap. d'Hollande, br. en carton, avec une reconnoissance pour fournir l'explication des Planches au mois de Décembre prochain. Cet ouvrage vient uniquement d'être fini, & n'est pas encore annoncé ; il se vendra 120 liv. il renferme 100 Planches coloriées, qui représentent 300 Plantes médicinales de la Chine.

87. Collection précieuse & coloriée des fleurs les plus belles & les plus curieuses qui se cultivent, tant dans les jardins de la Chine, que dans ceux de l'Europe, recueillie par *Buc'hoz Paris*, l'Auteur, 1783, 2 vol. *in-fol.* grand papier d'Hollande, avec figures coloriées, br. en carton. Cet ouvrage est supérieurement exécuté ; c'est le premier ouvrage exact, en ce genre, qui ait paru ; il renferme 200 Planches, avec une explication gravée : il se vend dans le commerce 300 liv.

88. Herbier non colorié de la Chine, par *Buc'hoz* ; c'est le même que celui du N°. 87, excepté qu'il n'est pas colorié : il se vend 60 livres.

89. Les Dons merveilleux & diversement coloriés de la Nature dans le Regne végétal, ou Collection coloriée des Plantes les plus rares, par *Buc'hoz*, 2 vol. *in-fol.* grand papier d'Hollande. *Paris*, l'Auteur, 1783, br. en carton. Cet ouvrage est supérieurement colorié, & fait suite à la Collection coloriée des fleurs de la Chine : il se vend 300 liv. dans le commerce.

90. Le Jardin d'Eden, le Paradis Terrestre renouvellé dans le Jardin de la Reine, à Trianon, ou Collection coloriée des Plantes les plus rares qui se trouvent dans les deux hémisphères, par *Buc'hoz. Paris*, l'Auteur, 1 vol. *in-fol.* grand papier d'Hollande, avec figures coloriées : il fait suite aux précédens, & renferme plusieurs Plantes nouvelles : il se vend 150 livres dans le commerce ; à peine est-il fini.

91. Plantes nouvellement découvertes, récemment dénommées & classées, représentées en gravure, avec leur description, par *Buc'hoz. Paris*, l'Auteur, 1779, 1 vol. *in-fol.* avec fig. Cet ouvrage l'emporte sur tous les ouvrages

en ce genre, par le fini du burin, & renferme les plantes les plus nouvelles.

92. Botanicon Parisiense, ou Dénombrement, par ordre alphabétique, des Plantes qui se trouvent aux environs de Paris, par *Sébastien Vaillant*, enrichi de plus de 300 Planches, dessinées par *Aübriet. Leyde, Verbeck*, 1727, *in-fol.* fig. gr. pap. veau. Cet ouvrage est supérieurement gravé.

93. Michaelis Angeli Tilli Catalogus plantarum horti pisani. *Florentiæ*, 1723, *in-fol.* avec fig. veau écaille & trois filets.

94. Jacob. Barrelieri plantæ per Galliam, Hispaniam & Italiam observatæ, iconibus æneis exhibitæ cura Antonii de Jussieu. *Parisiis, Ganeau*, 1718, *in-fol.* avec fig. v.

95. Treizieme & quinzieme cahier colorié du *Flora Danica*, *in-fol.* br.

96. Petri Andreæ Matthioli Commentarii in VI Libros Dioscoridis de materiâ medicâ, ex editione Casp. Bauhini. 1598, *in-fol.* cum fig. vélin. Cette édition est la plus recherchée de celles de Matthiole, à cause de la synonymie des Plantes dont l'a enrichi *Gaspard Bauhin*.

96 (*bis*). Roberti Morison Plantarum Historia universalis. *Oxoniæ*, 1680, 2 vol. *in-fol.* cum fig. v. br. Ouvrage très-estimé, & qui se joint ordinairement avec celui de l'article suivant, qui en fait le premier volume.

97. Roberti Morison Plantarum umbelliferarum distributio nova per Tabulas. *Oxoniæ è Theatro Sheldoniano*, 1672, *in-fol.* cum fig. demi-reliure. Ouvrage très-savant, ainsi & de même que le précédent : il se vend communément 100 livres.

98. Jacobi Breynii exoticarum, aliorumque minùs cognitarum plantarum centuria cum figuris æneis. *Gedani, Rhetius*, 1678, *in fol.* cum fig. vélin. Livre rare : il s'est vendu plusieurs fois, dans les ventes, 80 livres.

99. Histoire des Plantes qui naissent aux environs d'Aix, par *Garidel. Aix, David*, 1715, *in-fol.* avec fig. v.

100. Horti Medici Amstelodamensis rariorum plantarum descriptio & icones, auctore *Jos. Commelino. Amstelodami, Blaw*, 1697, 2 vol. *in fol.* v. f. Ouvrage très-bien exécuté, & joliment gravé.

101. Les Plantes coloriées de Miller, avec leur explication, traduite de l'Anglois en Allemand. *Nuremberg*,

Vinſterſmiht , 1782 , 2 vol. *in·fol.* avec fig. coloriées , m. r. relié par *Derome* le jeune. Cet ouvrage renferme 300 Planches, ſupérieurement coloriées, & ne le cede pas, pour la beauté, à l'exemplaire original. Tout le monde ſait la ſupériorité des enluminures de *Nuremberg.*

102. Joan. Scheuchzeri Agroſtographia , ſive Graminum , Juncorum , Cyperorum , Cyperidum , iiſque affinium hiſtoria *Tiguri* , *Bodmer* , 1719 , 1 vol. *in·4.* avec fig. vélin.

103. Joannis Georgii Volckameri Flora Noribergenſis, ſive Catalogus Plantarum , in agro Noribergenſi tam ſponte naſcentium , quàm exoticarum. *Norimbergæ* , *Monath* , 1718 , 1 vol. *in-4.* avec fig. velin.

104. Flora Friderichſdalina, ſive Methodica deſcriptio Plantarum , in agro Fridrichſdelenſi & regni Daniæ naſcentium. *Argentorati* , *Baver* , 1767 , *in-8.* cum fig.

105. Abrégé de l'Hiſtoire des Plantes uſuelles, par *Chomel* , *Paris* , *Didot* , 1761 , 3 vol. *in·12.* baſ.

106. Flora Nannetenſis prodromus , ou énumération de la plus grande partie des Plantes qui croiſſent aux environs de Nantes , par *François Bonamy.* *Nantes* , *Brun* , 1782 , 1 vol. *in-12.* baſ.

107. Prodromus Floræ Argentoratenſis. *Argentorati* , *Baver* , 1766 , 1 vol. *in·12.* br.

108. Hiſtoire Naturelle du Cacao & du Sucre. *Amſterdam* , *Strik* , 1720 , 1 vol. *in·8.* baſ.

109. Hiſtoire des Plantes, traduite du Latin de *Linocier.* *Paris* , *Macé* , 1620 , 1 vol. *in·12.* avec fig. v. f. avec filets, rare.

110. Ægidii Werarti de herba panacea, ſeu Tabaco, petum, aut nicotiana commentarii. Ultrajecti, 1644 , 1 vol. *in-18.*

111. Adriani Spigelii Iſagoges in rem herbariam. *Lugb.* *Elzevir* 1633 , 1 vol. *in-32.* vélin.

112. Reichard Sylloge opuſculorum Botanicorum. *Francofurti ad Mænum , Verentrap & Vannes* 1782, 1 vol. *in-8.* v.

113. Reichard enumeratio ſtirpium horti Francofurtani. *Francof. ad Mænum Varentropp* , 1 vol. *in-12.* baſ.

114. Linnæi ſyſtema plantarum edit. Reichard. *Francofurti ad Mænum Varentropp.* 4 vol. *in-8.* v.

115. Joannis Hermanni Tabulæ affinitatum animalium. *Argentorati* , *Treuttel* ; 1783 , *in-4.* cum fig. v. ouvrage très-ſavant.

116. Méthode raisonnée & systématique des Insectes, par *Fuchlins*, en Allemand & en Latin. *Zurich*, 1775, 1 vol. *in* 8. avec fig. coloriées, v. marb.

117. Faune François, ou Traité historique des animaux qui habitent la France, avec tous les détails qui peuvent les concerner, par *Buc'hoz*. *Paris*, l'Auteur, 1783, premiere livraison *in-4*. avec une reconnoissance pour la seconde : il se vend dans le commerce 9 liv.

118. Schæfferus de Musca Cerambie, seu Cerambicæ Spurio. *Norimbergæ*, 1753. — De studii Botanici faciliori ac Tutiori methodo. — Apus pisciformis insecti aquatici species noviter detecta. *Ratisbonæ*, 1757, *in-4*. br. cum figuris coloratis.

119. Représentation exactement coloriée d'après nature, des Cigales & des Punaises qui se trouvent dans les quatre parties du monde, rassemblées & décrites par *Caspar Stoll*. *Amsterdam*, *Sepp*. 1780, 6 cahiers *in-4*. Le prix de chaque cahier est de 4 florins d'Hollande, ou de 8 livres de France. Les Planches de cet ouvrage sont supérieurement coloriées.

120. Mariæ Sybillæ Mariani erucarum ortus, alimentum, &c. paradoxa metamorphosis. *Amstelod. Costerwik*, *in-4*. cum fig. premieres épreuves.

121. Pauli Neucrantzii de Harengo exercitatio medica, 1654, *in-4*. v.

122. Description de la Mouche commune, par *Adam Wolfang*, en Allemand. *Nuremberg*, *Winterschmidt*, 1765, 1 vol. *in-4*. avec figures coloriées, br.

123. Description de nouveaux Insectes, par *Ledermubler*, en Allemand. *Nuremberg*, 1777, *in·4*. avec fig. coloriées, br.

124. Description d'un Embryon d'Eléphant, avec des observations sur l'Histoire Naturelle de ce quadrupede, par *Zimmermann*. *Erlang*, 1783, *in-4*. avec figures, br.

125. Histoire Naturelle des Quadrupedes, représentés d'après nature. *Erlang*, *Walther*, 1775, 2 tomes reliés en un vol. *in-4*. maroq. rouge, relié par *Derome* le jeune, avec figures supérieurement coloriées. Cet ouvrage se vend en feuilles, à *Nuremberg*, 150 livres.

126. Schæfferi epistola de studii Icthyologici faciliori ac tutiori methodo. *Ratisbonæ*, 1760. — Piscium Bavaro - Ratisbonensium pentas. *Ratisbonæ*, 1761, 1 vol. *in-4*. avec fig. col.

127. Joan. Bapt. Bohadſch, de quibuſdam animalibus marinis, eorumque proprietatibus liber. *Dreſdæ, Walther,* 1761, *in*-4. cum fig. v. ouvrage très-curieux.

128. Aug. Scillæ de corporibus marinis lapideſcentibus & fab. columnæ de gloſſopetris diſſertationes. *Romæ, Monaldini,* 1752, 1 vol. *in*-4. cum fig. v.

129. Les Dons merveilleux, & diverſement coloriés, de la Nature, dans le Regne animal, ou Collection précieuſe d'animaux coloriés, par *Buc'hoz. Paris,* l'Auteur, 1783, 1 vol. *in-fol.* grand papier d'Hollande, mar. rouge, relié par *Derome* le jeune : ouvrage ſupérieurement colorié. Il ſe vend dans le commerce 150 liv.

130. Le même ouvrage, ſans être colorié, 1 vol. *in-fol.* grand papier d'Hollande, v. avec filets.

131. Icones rerum naturalium, ou figures enluminées de l'Hiſtoire Naturelle du Nord, par le Profeſſeur *Aſcanius. Copenhague, Philibert,* 1772 & ſuivans, trois cahiers *in-fol.* br. en carton. Cet ouvrage eſt fort curieux, & enluminé très-proprement.

132. The Book of Nature or Hiſtory of inſects illuſtraded with copper plates, ſy Swammerdam, publis had by ſohn hill. *London, Scyffert,* 1758, 1 vol. *in-fol.* reliure Angloiſe, premieres épreuves. Cette édition eſt la plus jolie de toutes celles qui ont paru ; les épreuves ſont de toute beauté.

133. Les Raretés & les Curioſités d'Amboine, par *Rumphe,* repréſentant les Coquillages les plus rares, en Hollandois. *Amſterdam, Helma,* 1705, 1 vol. *in-fol.* avec fig. v. éc. doré ſur tranche, avec filets. Cette édition eſt l'édition originale que *Debure* ne connoiſſoit pas, puiſqu'il donne pour premiere édition, la premiere édition Latine, qui n'eſt ſimplement que la traduction de l'ouvrage ; auſſi les épreuves en ſont très-belles.

134. Godefredi Sellii Hiſtoria Naturalis Teredinis, ſive Xilophagi Marini, tubulo Conchordis cum tabulis ad vivum coloratis. *Trajecti ad Rhenum, Baſſeling,* 1733, *in*-4. avec fig. Les Planches ſont doubles, enluminées & non enluminées.

135. Philippi Bonnani recreatio mentis & oculi in obſervatione animalium teſtaceorum. *Romæ, Vereſi,* 1784, 1 vol. *in*-4. avec fig. v. ouvrage eſtimé.

136. Genera of Birds. *Edimbourg. Balfom,* 1773, 1 vol.

in-8. br. Cet ouvrage est l'énumération systématique des différens genres d'animaux.

136 (*bis*). Théologie des Insectes, ou Démonstration des perfections de Dieu, dans ce qui concerne les Insectes ; traduit de l'Allemand de *Lesser*, par *Lyonnet*. *La Haye*, *Swart*, 1782, 2 vol. *in*-8. avec fig.

137. A Description of Thrie hundris animals, Bonts Birds fisches serpents and insects, illustrated with copper plates. *London*, *Collins*, 1774, *in*-4. avec fig.

138. Voyage à la nouvelle Guinée, par *Sonnerat*. *Paris*, *Ruault*, 1776, 1 vol. *in*-4. avec fig. v. Cet ouvrage renferme une infinité d'objets d'histoire naturelle.

139. Voyage aux Indes Orientales & à la Chine, fait par ordre du Roi, depuis 1774 jusqu'en 1781, par *Sonnerat*. *Paris*, *Barrois*, 1783, 2 vol. *in*-4. avec fig. baf. Ce Voyage nous fait connoître une partie de l'histoire naturelle de ce pays.

140. Le même, avec fig. coloriées, 2 vol. *in*-4. v.

141. Haye's Naturel History of Brittisch Birds, &c. With Their portraits accurately drawn, and beautifully coloured after nature. *London*, 1775, 1 vol. *in-fol.* ch. mag. avec fig. col. v. éc. & filets. Cet ouvrage est une représentation, artistement faite, des Oiseaux, par M. de la Haye.

142. Choix des Coquillages & des Crustacés, peints d'après nature, gravés en taille-douce & enluminés de leurs vraies couleurs, par Franç. Mic. *Regenfuss*. *Copenhague*, 1758, *in-fol.* for. atl. m. r. On ne peut rien voir de plus beau dans le dessin & le coloris.

143. Médecine moderne, & pratique appuyée sur l'expérience, par *Buc'hoz*. *Paris*, l'Auteur, 1783, 1 vol. *in*-8. broché.

144. L'Art alimentaire, ou choix des meilleurs alimens qui conviennent à l'homme, par *Buc'hoz*. *Paris*, l'Auteur, 1783, 1 vol. *in*-12. br.

145. Choix des meilleurs Médicamens pour les maladies les plus désespérées, par *Buc'hoz*. *Paris*, l'Auteur, 1783, 1 vol. *in*-12. br.

146. Remarques sur les Fievres en général, & en particulier sur celles de l'automne de 1780, par *Daignan*. *Paris*, 1780, 1 vol. *in*-8. br.

147. Laurentii Heisteri compendium Medicinæ practicæ

(15)

& de Medecinæ Mechanicæ præstantia dissertatio. *Amste-lodami*, *Waisberges*, 1783, 1 vol. *in-8*. v.

148. Johan Stephani Bernard, Demetrii Pepagomeni Liber de Podagra, Græcè & Lat. *Arrhemiæ*, *Nebranus*, 1753, *in-8*. baf.

149. Nicolai Iadelot Physica hominis sani, seu explicatio functionum corporis humani. *Nanceii*, *Buc'hoz*, 1778, 1 vol. *in-8*. baf.

150. Dissertation Physique & Botanique sur la maladie néphrétique, & sur son véritable spécifique, le raisin d'ours, traduite de l'Espagnol de Jos. *Quer. Strasbourg*, 1778, *in-8*. avec fig. baf.

151. Jacob. Reinboldi Spielmann Syllabus medicamentorum. *Argentorati*, *Treuttel*, 1777, 1 vol. *in-8*. baf.

152. Thomæ Bartholini Epistolæ medicinales à doctis vel ad doctos scriptæ. *Hagæ comitum*, *Gosse*, 1640, 5 tom. rel. en 6 vol. *in-12*. v.

153. Maladies des Enfans, traduites de l'Anglois de *J. Cooke. Yverdon*, 1770, 1 vol. *in-12* br.

154. La Médecine pratique de Londres. *Yverdon*, 1779, 3 vol. *in-12*. v.

155. Nouvelle méthode d'extraire la pierre de la vessie par-dessus le pubis, &c. *Yverdon*, 1779, 1 vol. *in-12*. avec fig. baf.

156. Herm. Boerrhave Prælectiones Academicæ de morbis nervorum, exedit. Alb. Halleri. *Lugdb.* 1761, 2 vol. *in-12*. v.

157. Ejufdem Prælectiones in proprias institutiones rei Médicæ cum notis. Alb. Halleri. *Lugbd.* 1758, 6 tomes *in-12*. v.

158. Cours de Chirurgie dicté aux Ecoles de Paris, par *Col de Villars. Paris*, *Herissant*, 1764, 6 vol. *in-12*. v.

159. Joan. Andreæ Murray de vermibus in lepra obviis, juncta leprosi historia & de lumbricorum setis observationes. *Gottingæ*, *Dieterich*, 1769, 1 vol. *in-12*. v.

160. Legs d'un Médecin à sa Patrie, contenant ce qu'il a pratiqué lui-même pendant quarante-neuf ans de pratique, traduit de l'Anglois. *La Haye*, *Sheurleer*, 1735, 1 vol. *in-12*. baf.

161. Dissertation anatomique & pratique sur une maladie de la peau d'une espece rare & singuliere, traduit de l'Italien de *Curzio*, Médecin par V...... *Paris*, *Vincent*, 1755, 1 vol. *in-12*. baf.

162. La Nymphomanie, ou Traité de la fureur utérine par de *Bienville. Amsterdam, Rey*, 1772, 1 vol. *in*-12. baf.

163. Traité complet d'Anatomie, ou Defcription de toutes les parties du corps humain, par *Sabatier. Paris, Didot*, 1773, 3 vol. *in*-12. v.

164. Effai fur la conformité de la Médecine ancienne & moderne dans le traitement des maladies aiguës, traduit de l'Anglois de Berker, par *Lorry. Paris, Cavelier*, 1768, 1 vol. *in*-12. v.

165. Cor. Celfi de Medicinâ libri octo ex recognitione Joan. Ant. de Vander-Linden. *Lugbd. Wagenau*, 1665, 1 vol. *in* 18. vélin.

166. Danielis Sennerti epitome inftitutionum Medicinæ & de febribus liber. *Amftelodami, Janffon*, 1653, 1 vol. *in*-12. v.

167. Quæftionum Medicinalium, quæ circa Medicinæ Theoriam & praxim agitatæ & difcuffæ fuerunt, feries Chronologica. *Parifiis, Heriffant*, 1752, *in*-4. v.

168. Joannis Hunteri Hiftoria Naturalis dentium humanarum edente Petro Boddaert. *Dordrecht, Bluffé-en-Zoon*, 1773, 1 vol. *in* 8. baf.

169. Thefes Botanicæ & Hiftoriæ Naturalis, 2 vol. *in*-4. baf. Ces Thefes font très-curieufes & très-intéreffantes; elles traitent *ex profeffo* des objets relatifs à l'Hiftoire Naturellè & à la Botanique.

170. Joan. Alexandri Brambillac inftrumentarium Chirurgicum (militare auftriacum, 1782, fol. chart. mag. cum multis figuris). Cet ouvrage, qui n'eft encore que trèspeu connu en France, eft le plus complet qui ait jamais exifté fur l'objet qu'il traite; l'Auteur a fait graver à grands frais généralement tous les inftrumens qui peuvent fervir à la Chirurgie, & n'a pas épargné la dépenfe, tant-pour l'exécution des Planches que pour la beauté de l'édition.

171. Guillelmi Hunteri Anatomia uteri humani gravidi tabulis illuftrata. *Birminghamiæ, Baskerville*, 1774, *in-fol.* forma atlantica, cum figuris elegantiffimis. Cet ouvrage eft un chef-d'œuvre, tant pour l'objet qui y eft traité, que pour l'exécution; les Planches y font fupérieurement gravées, & repréfentent, de grandeur naturelle, les parties anatomiques dont il traite. Pour ce qui concerne la partie typographique, il fuffit de favoir que cet ouvrage a été imprimé par *Baskerville*; c'eft même le

dernier

dernier qui eft forti de fes preffes. On vend à Londres
cet ouvrage 7 guinées.

172. And. Vefalii opera omnia Anatomica & Chirurgica,
curâ Herm. Boerrh. & Bernhardi Albini *Lugbd. Duvivier,*
1725, 2 vol. *in-fol.* cum fig. cart. mag. demi-reliure.
Ouvrage favant.

173. Michaelis Ettmulleri opera medica theoretico-prac-
tica, edit. Joan. Jacob. Mangeto *Genevæ, de Tournes,*
1736, 4 vol. *in-fol.* v. Excellent ouvrage de pratique
médicinale.

174. Græcorum Chirurgicorum Libri Græcè & Latinè ex
edit. Antonii Couhii. *Florentiæ, Typ. Imp.* 1754, 1 vol.
in-fol. v.

175. Joan. Bapt. Morgagni opera (Medica & Anatomica).
Venetis, Remondini, 1761, 8 tomes, reliés en 4 vol. v.
in-fol. édition originale. Il fe vend en Italie 80 livres.
Perfonne n'ignore l'excellence des ouvrages du célèbre
Morgagni.

176. Alberti Halleri elementa Phyfiologiæ corporis humani. *Laufanne, Boufquet,* 1757, 8 vol. *in-4.* v.

177. Hermanni Boerrhave elementa Chymiæ. *Parifiis, Cavelier,* 1753, 2 vol. *in-4.* avec fig.

178. Joannis Conrardi Barchufen elementa Chymiæ. *Lugdb.
Haack,* 1718, 1 vol. *in-4.* v.

179. Joannis Chriftophi *Wurtz* conamen Mappæ generalis
medicamentorum fimplicium fecundùm affinitates virium
naturalium. *Argentorati, Truttel,* 1778, 1 vol. *in-8.* v.

180. Henrici Frid. Delii adverfaria argumenti phyfico-me-
dici fafciculi tres. *Erlangæ, Walter,* 3 vol. *in-4.* rel. en
carton.

181. Antonii de Haen, rationis medendi continuatio. *Lugdb.
Vygh,* 1772, 1 vol. *in-8.* v.

182. Joan. Theodori Eller obfervationes de cognofcendis
& curandis morbis, præfertim acutis. *Amftelodami, de
Tournes,* 1766, *in-8.* v.

183. Pereboom defcriptio & iconica delineatio novi generis
vermium ftomachi. *Amftelod. Sepp.* 1780, 1 vol. *in-8.*
avec fig. br.

184. Joan. Seguieri Bibliotheca Botanica, five catalogus
auctorum & librorum omnium, qui de re Botanicâ, &c.
tractant. Acceffit Joan. Bumaldi feu potius Montalbani
de eorum argumento liber. *Hagæ Comitum, Reaulme,*
1740, *in-4.* v.

185. Principes relatifs à la fidelle représentation des animaux, tant en peinture qu'en sculpture, par Messieurs
Goisson & *Vincent. Paris, Vallat-la-Chapelle*, 1779, 2
vol. *in-fol.* reliés en un, avec fig. v. ouvrage très-
curieux.

186. L'Art de monter à cheval, par *Eissinberg*, 1 vol.
in-fol. oblong avec fig. demi-reliure.

187. L'anti-maquignolage, par le même, 1 vol. *in-fol.*
oblong, avec fig. demi-reliure.

188. Elémens d'Algebre de Saundorson, traduits de l'Anglois, par *de Joncourt. Amsterd. Merkus*, 1756, 2 vol.
in-4. demi-reliure.

189. Œuvres de Vauban, de l'attaque & défense des
Places, &c. *Amsterdam, Merkus*, 1771, 3 vol. *in-4.* avec
figures, v.

190. Le même ouvrage, broché.

191. Traité de la Céphalotomie, ou description de la tête ;
par ***. *Avignon, Girard*, 1748, 1 vol. *in-4.* avec
figures, bas.

192. Œuvres de Mathématiques, par de *Roberval. Amsterd.
Martin*, 1736, *in-4.* avec fig. bas.

193. Jacob. Reinboldi Spielmann pharmacopæa generalis.
Argentorati, Treuttel, 1783, 1 vol. *in-4.* v.

194. Pensées sur la Tactique & la Stratégatique, contenant
les principes de la science militaire, par le Marquis de
Silva. Turin, Imprim. Roy. 1778, 1 vol. *in-4.* avec fig. bas.

195. Elémens de Mathématiques de *Varignon. Amsterdam*,
Changuion, 1734, 1 vol. *in-4.* avec fig. v.

196. Joan. Danielis Schœpflini vindiciæ Typographicæ,
Argentorati, Baver, 1760, 1 vol. *in-4.* v.

197. Description & usage de quelques Lampes à air inflam-
mable, par *Folhermann. Strasbourg*, 1780, *in-8.* avec
fig. br.

198. Traité d'Artillerie, par *Bardel de Villeneuve. La
Haye, Vanduren*, 1741, 4 vol. *in-8.* avec fig. bas.

199. De l'attaque & défense des Places, par *Bardel de
Villeneuve. La Haye Vanduren*, 1 vol. *in-8.* avec fig. bas.

200. Recueil de Secrets à l'usage des Artistes, par *Buc'hoz*,
seconde édition. *Paris*, l'Auteur, 1783, 2 vol. *in-12.*
brochés.

201. L'Albert moderne, ou nouveaux Secrets éprouvés
licites. *Paris, Duchesne*, 1782, 2 vol. *in-12.* v.

202. Description d'une Machine inventée en Angleterre, & perfectionnée en Allemagne, pour blanchir le linge, traduite de Schœffer. *Strasbourg, Baver,* 1767, 1 vol. *in-*12. broché.

203. Le parfait Arithméticien, ou l'Arithmétique réduite à ses principes, avec une introduction aux Mathématiques. *Amsterdam, Changuyon,* 1739, 1 vol. *in-*12. avec fig. bas.

204. Nouvelle construction de Cheminées, par *Genneté. Liege, Desoër,* 1760, 1 vol. *in-*12. avec fig.

205. Nouveaux Mémoires de l'Académie de Dijon pour la partie des Sciences & des Arts, 1782. *Dijon, Causse,* 1783, 2 vol. *in-*8. avec fig. Le premier est relié, & le second broché.

206. Mémoires de l'Académie Royale des Sciences de Stockholm, pour les années 1780 & 1781, en Suédois. *Stockholm,* 2 vol. *in-*8. avec fig. v.

207. Mémoires de l'Académie Royale des Sciences, depuis son établissement en 1696, jusques & compris 1768, avec la Table générale des Matieres. *Paris, Imprimerie Royale,* 95 vol. *in-*4. avec fig. br. en carton.

208. Huit volumes *in-*4. reliés en veau de la tête, de l'Académie Royale des Sciences.

209. Joan. Baptistæ Duhamel, Regiæ Scientiarum Academiæ Historia. *Parisiis, de Lépine,* 1701, *in-*4. v. m.

210. Histoire de l'Académie Royale des Sciences, depuis son établissement en 1596, jusques & compris l'année 1778. *Paris,* premiere édition, 97 vol. *in-*4. v.

211. Table générale des Mémoires de l'Académie Royale des Sciences. *Paris,* 8 vol. *in-*4. v. m.

212. Mémoires de Mathématiques & de Physique, présentés à l'Académie par divers Savans. *Paris,* 1750, 9 vol. *in-*4. v. m.

213. Machines & Inventions approuvées par l'Académie Royale des Sciences. *Paris, Boudet,* 7 vol. *in-*4. v. m.

214. Traité physique & historique de l'Aurore boréale, par M. *de Mairan. Paris,* 1754, *in-*4. v. m.

215. Elémens & Tables d'Astronomie, par *Cassini. Paris,* 1740, 2 vol. v. m.

216. La Méridienne de Paris, par le même. *Paris, Guerin,* 1744, *in-*4. v. m.

217. Analyse générale des méthodes nouvelles pour ré

foudre les Problêmes , par *de Lagny. Paris*, 1733, *in*-4. v. m.

218. La figure de la Terre, par *Bouguer. Paris*, *Jombert*, 1749, *in*-4. v. m.

219. Journal du Voyage fait à l'Equateur, par *la Conda-mine. Paris*, 1751, *in*-4. v. m.

220. Mesure des trois premiers degrés du Méridien dans l'Atmosphere australe, par M. *de la Condamine. Paris*, 1751 , *in*-4. v. m.

221. Voyage fait, par l'ordre du Roi, dans l'Amérique Septentrionale, par M. *de Chabert. Paris*, 1753, *in*-4. v. m.

222. Recueil de Pieces qui ont remporté le Prix à l'Aca* démie Royale des Sciences. *Paris*, *Jombert*, 1732, 2 vol. *in*-4. avec fig. v. m. Ce font les deux premiers volumes.

223. Elémens de la Géométrie à l'infini, par M. *de Fon-tenelle. Paris*, *Imprimerie Royale*, 1727, 1 vol. *in*-4. avec fig. v. m. Suite des Mémoires de l'Académie.

224. Relation d'un Voyage dans la Mer du Nord, par M. *de Kergulen-Tremarec. Amsterdam*, *Merkus*, 1772, 1 vol. *in*-4. avec fig. v. m.

225. Le Temple des Arts, ou Cabinet de Tableaux précieux de M. *Breamcamp. Amsterdam*, 1766, *in*-4. b.

226. Lebnitii opera autore du Tens. *Genevæ*, *de Tournes*, 1768 , 7 vol. *in*-4. fig. v.

227. Commentationes Societatis Regiæ Scienciarum Gottingensis. *Gottingæ*, 1779, 4 vol. *in*-4. cum fig. v.

228. Constructions nouvelles d'Ecluses & de Machines. *La Haye*, *Gosse* junior, 2 vol. *in fol*. avec fig demi-reliure.

229. Titiani Vecelii, Pauli Caliarii, Jacobi Robusti & Jacobi de Porte, Opera Selectiora à Joan. Bapt. Jaekson Anglo, ligno cœlata & coloribus Adumbrata. *Venetiis*, *Pasquali*, 1745 , 1 vol. *in fol*. formâ atlanticâ, cum fig, broché en carton fort.

BELLES LETTRES.

230 Epitre du Chevalier des Cygnes à Dom Quichotte de la Manche, en vers, 1 vol. *in*-4. b.

231 Dictionnaire François-Anglois & Anglois-François, de *Chambeau*, donné par *J. B. Robinet. Amsterdam*, *Merkus*, 1776, 2 vol. *in*-4. v.

232. Johnson's Eng. Dictionary, 2 vol. *in*-8. 1760, v.
233. Le même ouvrage.
234. Milton's Poetical Works complete, by Newton, an e'ly. edit. 3 vol. *in*-4. royal papier, gilt, 1775, v.
235. Dictionnaire de la Langue Françoise ancienne & moderne, par *Pierre Richelet. Lyon*, 1759, 3 vol. *in-fol.* broché en carton.
236. J. Harduini opera varia. *Amstelod.* 1 vol. *in - fol.* broché en carton.
237. Dictionnaire Italien-François & François-Italien d'*Antonini. Lyon, Duplain*, 1770, 2 vol. *in*-4. v.
238. Dictionnaire étymologique & raisonné des Racines Latines, par M. *Court de Gebelin. Paris, Saugrain*, 1780, 1 vol. *in*-8. v.
239. Histoire Naturelle de la Parole, ou Précis de l'origine du Langage & de la Grammaire universelle, par M. *Court de Gebelin. Paris, Valeyre*, 1776, *in*-8. v.
240. Œuvres diverses du Philosophe sans souci. (*Sa Majesté le Roi de Prusse*). *Berlin*, 1762, 4 vol. *in*-8. gr. pap. v.
241. Sophoclis Electra Eurypidis Andromache Græcè, edente Ph. Brunek. *Argentorati, Heitz*, 1779, 1 vol. *in*-12. v.
242. Eurypidis Tragediæ quatuor Græcè, edente Brunck. *Argentorati, Heitz*, 1780, 1 vol. petit *in*-12, v.
243. Æschilis Tragediæ Græcè, edente Brunck. *Argentorati, Heitz*, 1779, 1 vol. petit *in*-8. v.
244. Sophoclis Œdipus Græcè, edente Brunck. *Argentorati, Heitz*, 1779, petit *in*-8. v.
245. L'Art de bien parler François, par *de la Touche, Amsterdam, Merkus*, 1760, 2 vol. *in*-12. bas.
246. Poésies diverses de Ducerceau. *Amsterdam*, 1753, 1 vol. *in*-12. bas.
247. Poésies Françoises de l'Abbé *Regnier des Marais. La Haye, du Sauzet*, 1716, 2 vol. *in*-12. bas.
248. La Callipédie en Latin & en François, ou l'Art d'avoir des beaux enfans, Poëme. *Paris, Durand*, 1749, 1 vol. *in*-12. bas.
249. Nouvelle Méthode Italienne de MM. *de Port-Royal. Amsterdam, l'Honoré*, 1736, 1 vol. *in*-8. bas.
250. Mélanges de Littérature, d'Histoire & de Philosophie, par M. *d'Alembert. Amsterdam, Rey*, 1772, 5 volumes *in*-12. v.

251. Apollonii Rhodii Argonautica Græcè, edente Brunck. *Argentorati*, *Truttel*, 1780, petit *in*-8. v.

252. Anacreontis & Sapho Carmina. Græcè, edente Brunck. *Heitz*, 1778, 1 vol. *in*-18. v.

253. Fables de la Fontaine, traduites en latin par le P. Giraud. *Rouen*, *Boucher* le jeune, 2 vol. *in*-8. br.

254 Cours d'éducation de Wandelaincourt. *Rouen*, *Boucher*, 8 vol. *in*-12. br.

255. Eloge de la Folie, 1 vol. *in*-8. broché.

Nota. Les articles suivans sont connus sous le titre de *Bibliotheque amusante*, & forment 99 volumes *in*-18., reliés en veau. On les vendra ensemble ou séparément.

256. Mémoires de Floricourt, 3 vol.

257. Angola, Acajou & Diophile, 2 vol.

258. Le Sopha, 2 vol.

259. Felicia, ou mes Fredaines, 2 vol.

260 Hippolite, Comte de Duglas, 2 vol.

261 Voyage sentimental, avec l'Histoire de deux filles très-célebres dans le monde, 2 vol.

262. Princesse de Cleves, 2 vol.

263. Manon l'Escaut & le Chevalier des Grieux, 2 vol.

264. Puira, ou la Fille de la Nature, 2 vol.

265. Egaremens de Jaley, 2 vol.

266. Liaisons dangereuses, 4 vol.

267. Mémoires Turcs, 2 vol.

268. Soirées du Bois de Boulogne, 2 vol.

269. L'Etourdi, ou Miss Tablins, 3 vol.

270. Lettres de Ninon, & sa Vie, 2 vol.

271. Rozelli, ou l'infortuné Napolitain, 4 vol.

272. Gilblas de Santillane, par *le Sage*, 5 vol.

273. Amusemens des Eaux de Spa, 5 vol.

274. Contes des Fées, de Madame *de Launoy*, 6 vol.

275. L'Orpheline Angloise, 4 vol.

276. Nouvelles tragi-comiques de *Scarron*, 3 vol. *in*-12.

277. Romans de *Scarron*, 4 vol. *in* 12.

278. Voyages de Milord de ***, 3 vol.

279. Histoire japonoise, 2 vol.

280. Egaremens du cœur, 2 vol.

281. Contes de Voltaire, 4 vol.

282. Théatre de Voltaire, 6 vol.

283. Amours de Henri IV, 2 vol.

284. Histoire de Madame Deluz, 1 vol.
285. La Poupée, 1 vol.
286. Grigri, 1 vol.
287. Confessions du Chevalier de Villefort, 1 vol.
288. Confessions du Comte de ***, 1 vol.
289. Caprices de l'Amour & de la Fortune, 1 vol.
290. Le Masque, 1 vol.

HISTOIRE.

291. Histoire universelle, par une société de Gens de Lettres, traduite de l'anglois, depuis le commencement du monde jusqu'à présent. *Amsterdam, Merkus*, 43 vol. *in-4.* broché en carton, édition originale & complette.
292. Histoire romaine, par *Rollin. Paris, Etienne*, 1741, 8 vol. *in-4.* demi-reliure.
293. Annales d'Espagne & de Portugal de Colmenoir. *Amsterdam, l'Honoré*, 1741, 4 vol. *in-4.* avec fig. demi-reliure.
294. Mémoires de la Reine Christine de Suede. *Amsterdam*, 4 vol. *in-4.* broché.
295. Histoire de la guerre des Alpes, ou Campagne de 1744, sous Dom Philippe & Monseigneur le Prince de Conty, publiée par M. *de S. Simon. Amsterdam*, 1782, *in-4.* avec fig. broché en carton.
296. Joan. Vaillant, Seleucidarum Imperium, seu Historia regum Syriæ, numismata. *Hagæ Comitum, Reaulme*, 1732, *in-fol.* avec fig., broché en carton.
297. Histoire de Gustave Adolphe, Roi de Suede, par *Arkenholt. Amsterdam*, 1764, 1 vol. *in-4,* avec fig. demi-rel.
298. Nouvel Atlas de la Jamaïque, par *Henri Moore*, 1770, *in-fol.* form. atl., broché en carton. Cet ouvrage est supérieurement exécuté.
299. Les restes de l'ancienne Rome, par *d'Overbecke. Amsterdam*, 1709, 3 tomes reliés en un, *in-fol.* formâ atlanticâ, avec fig. demi-reliure.
300. Histoire métallique des dix-sept Provinces des Pays-Bas, traduite de l'hollandois de Girard de Vanloon. *La Haye, de Lonêt*, 1732, 5 vol. *in-fol.* gr. papier, avec fig. demi-reliure.
301. Histoire de la Ville de Paris, par *Don Felibien. Paris*, 1725, 5 vol *in-fol.* avec fig. gr. papier, veau.
302. Le grand Dictionnaire historique, ou mélange cu-

rieux de l'Histoire sainte & profane ; par *Morery.*
Amsterdam, 1740, 4 vol. *in-fol.* brochés en carton. Dans
cette édition les deux Supplémens de M. l'abbé *Gorget*
se trouvent refondus & mis en place.

303. Jacobi Bonanni Columnæ Syracufarum antiquarum
illustratarum libri duo , latine vertit & edidit Sigebertus
Harercampus. *Lugdb. Vander-Aa*, 1 vol. *in-fol.* avec fig.
broché en carton.

304. Histoire naturelle du Languedoc, par *Don Veiffette*,
&c. *Paris*, *Vincent*, 1721, 5 vol. *in-fol.* demi-reliure.

305. La Chine illustrée, ou divers monumens , tant sacrés
que profanes, traduits d'Athanafe Kircker, par *Dal-
quié. Amsterdam, Vaesberge*, 1670, *in-fol.* avec figures,
demi-reliure.

306. Recherches d'antiquités militaires, avec la défenfo
du Chevalier Folard , par *de Comboz. Paris*, *Jombert* ,
1770, 1 vol. *in-8.* avec fig. demi-reliure.

307. Johannes Alftrophius de haftis veterum. *Lypfiæ ;*
Merkus, 1757 ; 1 vol. *in-8* avec figures, veau.

308. Abrégé portatif du Dictionnaire Géographique de la
Martiniere. *La Haye*, *Goffe*, 1762, 2 vol. *in-8.*

309. Histoire du Paraguay fous les Jéfuites. *Leipfic*, 1780,
3 vol. *in-8.* avec fig. baf.

310. Histoire d'Irlande , depuis l'invafion d'Henri II, par
Thomas Leland, traduit de l'Anglois. *Maeftricht, Dufour*,
1779, 7 vol. *in-12.*

311. Les Plans & les Statuts des différens établiffemens,
faits par l'Impératrice Catherine II, pour l'éducation
de la jeuneffe & l'utilité générale de fon Empire. *Amfterdam , Rey*, 1774, 2 vol. *in-12*, baf.

312. Vie de Philippe II, Roi d'Efpagne, traduite de l'italien. *Leipfic , Merkus*, 1756, 6 vol. *in-12.*

313. Histoire générale de Pologne , par *de Solignac. Amfterdam , du Sauzet*, 1751, 6 vol. *in-12.*

314. Voyage dans la Paleftine , & la defcription de l'Arabie, par *de la Rogne. Amsterdam*, *Wyt-wick*, 1718, 1
vol. *in-12*, baf.

315. Histoire juftifiée contre les Romans, par l'Abbé
Langlet du Frefnoy. Amsterdam, 1735, *in-12.*

316. Histoire de Philippe , Roi de Macédoine , pere
d'Alexandre-le-Grand , par *Olivier. Paris*, *Dehure*,
1749, 2 vol. *in-12*, baf.

317. Histoire des Juifs & des Peuples voisins, depuis la décadence du Royaume d'Israël & de Juda, jusqu'à la mort de J. C., traduite de l'anglois de Prideaux. *Amsterdam*, *Merkus*, 1755, 6 vol. *in*-12, avec fig. baf.

318. Voyage de Paul Lucas en Turquie, Afie, Syrie, Paleftine, haute & baffe Egypte. *Amsterdam*, *Wytwerf*, 1720, 2 vol. *in*-12, avec fig. veau.

319. Entretiens fur le Havre, par Mademoifelle *le Maffon le Golft*, 1 vol. *in*-12, baf.

320. Atlas pour les enfans, *in*-8. oblong en hollandois. Cet ouvrage eft très-eftimé en Hollande, & mérite de l'être par toute l'Europe, les cartes font lavées à la façon hollandoife.

321. Abrégé chronologique de l'Hiftoire de France, par *Mezerai*. *Amsterdam*, *Mortier*, 1755, 14 vol. *in*-12, veau.

322. Wood's ruins of balbec, otherwife heliopolis, in cœlo Syria with, 46 elegant plates, 1 vol. *in-fol.* 1757, formâ atlanticâ, broché; édition originale, les épreuves en font très-belles; cet ouvrage eft connu en France fous le titre des *Ruines de Balbec*, & y eft très-eftimé, fur-tout lorfque c'eft l'édition originale.

323. Ionian antiquities, by Meffirs Chandler, revelt, and pars, fine plates, 1 vol. *in-fol.* formâ atlanticâ, broché en carton. Les planches des antiquités de Ionian font des premieres épreuves.

324. Bibliotheca libros & fcriptores fermè cunctos ab initio mundi ufque ad annum 1783, ordine alphabetico complectens, autore Ciaconio. *Amfelodami*, *Merkus*, 1743, *in-fol.* broché en carton.

325. Hiftoire littéraire de la France, par des Religieux Bénédictins, de la Congrégation de S. Maur. *Paris*, *Libraires affociés*, 11 vol. *in*-4. brochés en carton

326. Bibliotheca Thomæ Crofts, containing ention and Diflinguifched library, by Paterfon. *London*, 1783, *in*-8. broché en carton.

327. Catalogue d'une précieufe collection de livres de J. Moris, par *Jof. Ermens*. *Bruxelles*, 1778, 2 vol. *in*-8. demi reliure.

328. Journal de Verdun, commençant au mois de Juillet 1704, & finiffant en Décembre 1776, imprimé chez Jacques le Sincere, 147 vol. *in*-12. baf.

329. Table du même Journal, 9 vol. *in*-12. baf.

330. Journal Encyclopédique, commençant au mois de Janvier 1751, jusque & comprise l'année 1782 & 1783, par M. *Rousseau*, Conseiller Aulique. *Liege & Bouillon*, 1756, & années suivantes, 222 tomes *in-12.* baf.

SUPPLÉMENT.

331. Coutumes Anglo-Normandes, 4 vol. *in-4.* brochés en carton.

332. Anciennes Loix des François, 2 vol. *in-4.* brochés en carton.

333. Dictionnaire de Droit Normand, 2 vol. *in-4.* brochés en carton.

334. Théologie complette à l'usage de plusieurs Séminaires, 11 vol. *in-12.* brochés.

335. Vénerie Normande, 1 vol. *in-8.* broché.

336. Traité de la Nutrition, 1 vol. *in-8.* broché.

337. Traité du gros & menu bétail, 2 vol. *in-12.* brochés.

338. Education des animaux qu'on éleve dans les villes, tels que le chien, le chat, &c. 1 vol. *in-12.*

339. Carte Botanique, collée fur toile, par M. *Durande*, Professeur en Botanique, à Dijon.

340. Sphere armillaire, montée de 14 pouces de diametre.

341. Globe célefte, monté de 14 pouces de diametre.

342. Globe terreftre, monté de 14 pouces de diametre.

343. Sphere de Copernic, montée de 14 pouces de diametre.

Nota. Dans chaque Séance on entremêlera les différens articles.

Lu & approuvé à Paris, ce 13 Novembre 1783, FOURNIER, Adjoint.

Vu l'Approbation, permis d'imprimer, ce 14 Novembre 1783.
LE NOIR.

De l'Imprimerie de STOUPE, rue de la Harpe, 1783.

CATALOGUE

D'UNE PARTIE DES

LIVRES

EN TOUTES SORTES DE FACULTÉS

DE FEU

JEAN MEYER,

LIBRAIRE ET IMPRIMEUR JURÉ DE LA VILLE DE GAND;

Dont la Vente se fera publiquement à Gand dans l'Ecole des Pauvres (*dite Knechtjensbuys*) le 30. Mars & jours suivans à 9. heures du matin, & à 2. heures de l'après-midi.

Sous la Direction de J. BEGYN.

A GAND,

Chez la Veuve de JEAN MEYER, à l'Enseigne de l'Epée Roïale.

ORDRE DE LA VENTE.

Lundi 30. *Mars le matin.*

Dépuis le No.		jusqu'au No.	
1.	in octavo,	jusqu'au No.	67.
173.	in quarto,	jusqu'au	200.
232.	in folio,	jusqu'au	260.

L'après-midi.

68.	in octavo,	jusqu'au	121.
201.	in quarto,	jusqu'au	231.
261.	in folio,	jusqu'au	288.

Mardi 31. *Mars le matin.*

122.	in octavo,	jusqu'au	172.
489.	in quarto,	jusqu'au	509.
622.	in folio,	jusqu'au	670.

L'après-midi.

422.	in octavo,	jusqu'au	452.
571.	in quarto,	jusqu'au	591.
510.	in folio,	jusqu'au	549.

Mercredi 1. *Avril le matin.*

453.	in octavo,	jusqu'au	488.
592.	in quarto,	jusqu'au	621.
671.	in folio,	jusqu'au	700.

L'après-midi.

550.	in octavo,	jusqu'au	570.
881.	in quarto,	jusqu'au	900.
701.	in folio,	jusqu'au	770.

Jeudi 2. *Avril le matin.*

771.	in octavo,	jusqu'au	830.
289.	in folio,	jusqu'au	337.

L'Après-midi.

831.	in octavo,	jusqu'au	880.
338.	in folio,	jusqu'au	421.

Samedi 4. *Avril le matin.*

901.	in quarto,	jusqu'au	929.
930.	in folio,	jusqu'au	1000.

L'après-midi.

1001.	in folio,	jusqu'au	1075.

CATALOGUS
LIBRORUM.

Libri Theologici in Octavo & minori forma.

NUMERO PRIMO.

Uguftinus per feipfum Docens Catholicos.
Bona Horologium afceticum.
Pfalmi Confeffionales.
Reginaldus de Officio Pœnitentis.
Praxis adjuvandi Agonizantes.
Horæ diurnæ.

2. Declaratio ßenedicti XIV. fuper Matrimoniis Hollan=
diæ.
Martin Scutum Fidei contra Herefes hodiernas.
Bellarminus de Scriptoribus Ecclefiasticis.
Statuta Diœcefis Brugenfis.
Novum Teftamentum Græcè.

3. Confeffiones S. Auguftini.
Pfalmi Confeffionales.
Officia própria Ord. S. Benedicti.
Directorium ad juvandos infirmos.
Officium Beatæ Mariæ Virginis.
Juvet Sententiæ felectæ.

4. Catechifmus Romanus.
Bruni Meditationes.
Luskeni Regula Aurea.
Horæ diurnæ.
Specimen Elucidat. tripart. Cafuum refervat. in Diœ=
cefi Tornacenfi.
Juvet Sententiæ felectæ.

2

2. 2. 0
5. Novum Teftamentum Græcè cum Interpretatione
Montani.
Officia Nova.
B. de Soule Inftitutiones Sacrificii Miffæ.
Specimen Elucidat. tripart. Cafuum refervat. in Diœc.
Tornacenfi.

2.. 1
6. * A. Guimenii contra nonnullas Jefuitarum Opiniones
morales.
P. à S. Jofeph Idea Theologiæ fpeculativæ.
Thefaurus Concionatorum.
Specimen Elucidat. tripart. Cafuum refervat. in Diœc.
Tornacenfi.
7. Compendium Manualis Navarri.
Bona Divinum Profluvium.
Loarte Enchiridium Confeffariorum.
S. Caroli Borromæi Canones Pœnitentiales.
Ars piè amandi.
Regula S. Francifci.
Specimen Elucidat. tripart. Cafuum refervat. in Diœc.
Tornacenfi.

2. 3.. 5
8. Actus Apoftolorum pro Schola Societatis Jefu,
2. vol. Græcò-Latina.
Decreta Diœcefis Cameracenfis.
Novum Teftamentum Græcò-Latinum.

2.. 2. 1
9. Computus Ecclefiafticus.
Specimen Elucidat. tripart. Cafuum refervat. in Diœ-
cefi Tornacenfi.
Novum Teftamentum Græcè.
Horæ diurnæ.
Officium Beatæ Mariæ Virginis.
Ritus fervandus à Sacerdotibus in Miffa privata &
folemni.

2. 2. 5
10. Specimen Elucidat. tripart. Cafuum refervat. in Diœ-
cefi Tornacenfi.
Toletus de Inftructione Sacerdotum.
Opftraet de laboriofo Baptifmo.
Horæ diurnæ.
Pauly Epitome itinerarii Filii Dei.
11. Horæ diurnæ.
Molanus de Piis Teftamentis.
Wytfius de continendis & alendis domi pauperi-
bus.
Officia Nova.
Pauly Epitome itinerarii Filii Dei.

Theologici in octavo.

12. Breviarium Romanum 4. vol. ——————— a . 14 . 0
13. Idem. ——— ————————— a . 8 . 0
14. Idem. ———————————————— a . 9 . 0
15. Opuscula Doctorum Lovaniensium 7. vol. ——— a . 9 . 0
16. Theologia Contenson 8. vol. a . 7 . 0
17. ——— Daelman, 9. tomi in 7. vol. desunt tom. 6. & 7. Antv. 1734. 6.0 . 11 . 0
18. Theologia & Opuscula Huygens 19. vol. ——— 0 . 6 . 2
19. Theologia & Opuscula Huygens 16. vol. 0 . 6 . 1
20. Martyrologium Romanum. — ———————
    Confessiones S. Augustini. Antv. Plant.
21. Havermans Tyrocinium Theologiæ Moralis.
    Tombeur Praxis Pœnitentiæ.
    Van Ranst in Propositiones damnatas. ——————— 0 . 12 . 0
    Vita S. Norberti.
    * Causa Quesnelliana.
22. Constitutiones Societatis Jesu cum earum Declaratio-
        nibus. Antv. 1635.
    Ordinationes Præposit. Generalium Societatis Jesu.
        ibid.
    Decreta Congregationum Generalium Societatis Jesu.
        ibid.
    Litt. Apost. quibus Institutio Confirmatio, &c. S. J.
        contenentur.
    Directorium in Exercitia Spiritualia S. P. N. Ignatii.
23. Vacat.
24. Decreta Congregationum Generalium Societatis Jesu.
        Antv. 1639. ——————————————— a . 5 . 7
    Directorium in Exercitia Spiritualia S. P. N. Ignatii.
25. Historia Cultûs Sinensium.
    Continuatio Historiæ Cultûs Sinensium.
    Varia Sinensiana.
    * Vesperæ Groninganæ.
26. Wilhelmi Smits Genesis vulgatæ Editionis Versione f . 5 . 0
        Belgica. 3. vol. Antv. 1753.
    ——— Liber Levitici 3. vol. ibid. 1763.
    ——— Liber Exodi. ibid. 1760.
    ——— Liber Proverbiorum. ibid. 1746.
    ——— Liber Job. ibid. 1751.
27. *Traité du Jeu par Jean Barbeirac 2. vol. Amst. 1709.*
    Pensées diverses de M. Huet Amst. 1723. ——— 0 . 2
    Apologie de Tertullien Paris 1715.
    La Dévotion à la S. Vierge par Boudon.
28. *Le Missionnaire de l'Oratoire ou Sermons pour les*

Theologici in octavo.

Exercice de Piété par Griffet.
Entretien de Dieu avec l'Homme par Doujat.
Lettres de S. François de Sales.
46. *Le Pasteur Apostolique par Ducos.*
Le Missionaire Paroissial par Gambart.
Instruction du Confesseur par de la Grange.
Traité Dogmatique & Moral de la Pénitence par Pelletier.
47. *Le nouveau Testament par Martinay 2. vol. Paris 1722.*
Instruction sur les dispositions qu'on doit apporter aux Sacremens de Pénitence & de l'Eucharistie.
———— *des Eglises & des Temples des Chrétiens.*
48. *Le Nouveau Testament par Martinay 2. vol. Paris 1722.*
Instruction Pastorale de l'Archevêque de Cambray.
Jesus-Christ Pénitent.
49. *Le nouveau Testament par Martinay 2. vol. Paris 1722.*
La véritable Croyance de l'Eglise Catholique.
Exposition de la Doctrine de l'Eglise Catholique par Bossuet.
50. *L'Eloquence de la Chaire par de Bretteville.*
Traité de la manière d'imiter les bons Prédicateurs.
Instructions sur les Commandemens de Dieu par Lambert.
51. *L'Ecclésiastique de Salomon Paris 1673.*
Isaïe, ibid.
Abrégé de S. Jean Chrysostome sur l'ancien Testament ibid. 1688.
52. *Considérations sur les obligations de la Vie Ecclésiastique par Chenart 2. vol. Paris 1687.*
Instruction sur les dispositions qu'on doit apporter aux Sacremens &c.
Abrégé de S. Jean Chrysostome sur l'ancien Testament.
53. *Considérations sur la Passion par G. Heveneß.*
Dévotion au Sacré Cœur.
Conduite de la Confession & de Communion.
Instructions & Prières à l'usage des Domestiques par Collet.
54. *Traité de l'Aumône par la Placete.*
Deux Traités, l'un de la Flâterie & des Louanges, l'autre de la Médisance.
Traité des Etudes Monastiques par Mabillon.

Pratique du Sacrement de la Pénitence.

55. *Sentimens que doit avoir un Homme de bien fur les* O. 3
    Vérités de la Réligion, par Bellegarde.
    Réflexions fur le Ridicule.
    Les Mœurs des Chrétiens par Fleury.
    Les Exercices Spirituels de S. Ignace.
    L'Office de l'Eglife & de la Vierge, Latin & François.

56. *Texier, Sermons pour tous les Dimanches de l'Année*
    2. *vol. Paris* 1680.
    ———— *pour tous les jours du Carême* 2. *vol. ibid.* O. 17.
    ———— *Panégyriques des Saints* 4. *vol. ibid.*
    ———— *fur les Myftéres de notre Seigneur.*
    ———— *fur les Octaves du S. Sacrement & de la*
    Croix.
    ———— *fur les Fêtes de la S. Vierge.*

57. *Le Miffionnaire Apoftolique, ou Sermons utiles à ceux* O. 10.
    qui s'emploient aux Miffions, par le P. F. de Thou-
    louze 11. *vol. Paris* 1676.

58. *Prônes de M. Claude Joli pour tous les Dimanches de* O. 9.
    l'Année 4. *vol. Paris* 1694.
    ———— *fur différens fujets de Morale* 2. *vol. ibid.*
    Joli Œuvres mêlées Brux. 1696.

59. *Loriot, Sermons de Fêtes des Saints* 2. *vol. Paris* 1700. O. 5.
    ———— *fur les Myftéres de notre Seigneur* 2. *vol.*
    ———— *fur les Myftéres de la S. Vierge.*

60. *Sermons de S. Auguftin fur les Pfeaumes* 14. *vol. Pa-* 1. 10.
    ris 1739.

61. *Homélies de S. Jean Chryfoftome* 4. *vol. Lyon* 1685. O. 14.

62. *Sermons du R. P. Claude la Colombiére* 5. *vol. Lyon* O. 9.
    1702.

63. ———— *de M. Jean Louis de Fromentires* 5. *vol.* O. 5.
    Paris 1700.

64. *Recueil de Sermons fur les Evangiles du Carême du* O. 4.
    P. la Ruë 4. *vol. Brux.* 1710.

65. *Loriot, Sermons des Fêtes des Saints* 2. *vol.* 9.
    ———— *fur les Myftéres de notre Seigneur* 2. *vol. Pa-*
    ris 1712.

66. *Prônes de M. Claude Joli pour tous les Dimanches de* O. 10.
    l'Année 4. *vol.*
    ———— *fur différens fujets de Morale* 3. *vol.*
    Joli Œuvres mêlées.

67. *Sermons du Carême, préchés par le R. P. Claude Maf-* O. 9.
    fon 2. *vol.*
    ———— *Panégyriques des Saints* 2. *vol.*

Sermons de l'Avent.

——— de la Passion de Jesus-Christ Lyon 1694.

o. 18. 6 68. Sermons sur les plus importantes matiéres de la Morale Chrétienne, ou l'Aveugle mis en meilleur ordre, par Loriot 7. vol.

——— sur les Fêtes des Saints 2. vol.

——— sur les Myftéres de notre Seigneur 2. vol.

——— sur les Myftéres de la S. Vierge Paris 1701.

o. 12. o 69. Sermons de Loriot 12. vol. Paris 1701.

1. 17. o 70. Sermons du Pére Bourdaloue 14. vol. Paris 1750.

o 18. o 71. Le Miffionnaire Apoftolique, ou Sermons utiles à ceux qui s'emploient aux Miffions, par le R. P. F. de Thoulouze 13. vol. Paris 1676.

o. 2. 7 72. Sermons du Carême par le P. Bourdaloue 2. vol.

Les Penfées par le même tom 2.

Sermons sur les Fêtes des Saints par Loriot 2. vol.

o 3. o 73. ——— pour tous les Dimanches de l'Année par Melinier 2. vol. Rouen 1663.

Œuvres mêlées de Joli.

Méditation sur la Concorde de l'Evangile 3. vol. Paris 1730.

o. 6. o 74. Le Miffionnaire Paroiffial par Gambart 8. vol. Liége 1677.

o 6. 6 75. Méditations sur des Paffages choifis de l'Ecriture Sainte, par Segneri 5. vol. Paris 1713.

o. 9. 1 76. Le nouveau Teftament traduit en François avec des Notes, & la Concorde des quatre Evangelistes 6. vol. Paris 1740.

o 2. 2 77. Explication des Commandemens de Dieu 2. vol. Paris 1694.

L'Année Sainte ou nouvelle Traduction du Miffel 3. vol. Paris 1701.

78. Œuvres Spirituelles de M. F. de Salignac de la Mothe-Fenelon 2. vol. Anvers 1718.

4. 6 79. Lettres de Sainte Marthe sur divers sujets de Piété 2. vol. Paris 1709.

o 6. 4 80. *Traité Hiftorique des Excommunications 2. vol. Paris 1715.

Lettres de Sainte Marthe sur divers sujets de Morale 2. vol. Paris 1709.

o 2. 10 81. La Réprobation des Pécheurs qui ont différé leur Converfion jufques à la Mort, par L. Lipfin 2. vol. Maftricht 1717.

Le Bonheur de l'Homme charitable 2. vol. Liége 1729.

82. *L'incrédule conduit à la Réligion Catholique Brux.* 1769.

L'Homme Intérieur par un Solitaire 2. vol. Paris 1680.

La Vie de Saint Irénée 2. vol. Paris 1712.

83. *Traité des Excommunications & Monitoires par Jacques Eveillon* 2. vol. Rouen 1712.

Discours sur divers sujets de Morale, par Chenart 2. vol. Paris 1696.

L'incrédule conduit à la Réligion Catholique.

84. *Le pur & parfait Christianisme, ou l'Imitation de Jesus-Christ par Camaret* 2. vol. Paris 1675.

Catéchisme du Concile de Trente 2. vol. Mons 1685.

L'incrédule conduit à la Réligion Catholique.

85. *Instructions familiéres sur les quatre parties du Catéchisme Romain, par César de Bus* 4. vol. Lyon 1685.

86. *Méditations sur les Passages choisis de l'Ecriture Sainte* 5. vol. Paris 1724.

87. *Oraisons funébres préchés par M. E. Flechier* 2. vol. Brux. 1696.

Dissertations sur différens sujets, composées par M. Huet 2. vol. à la Haye 1720.

L'incrédule conduit à la Réligion Catholique.

88. *Instructions familiéres sur les quatre parties du Catéchisme Romain, par César de Bus.* Paris 1675.

89. *Le Catéchisme ou Instruction au Symbole de la Foi, par Louis de Grénade* 4. vol. Paris 1709.

90. *Le Pasteur Apostolique par Ducos* 2. vol. Toulouse 1690.

L'incrédule conduit à la Réligion Catholique. Tournai 1769.

Retraite Spirituelle par Croiset. Lyon 1753.

91. *Nouvelle Démonstration Evangélique, où l'on prouve l'utilité & la nécessité de la Révélation Chrétienne par l'Etat de la Réligion dans le Paganisme, par J. Leland* 4. vol. Liége 1768.

92. *Journal des Saints par Grosez* 3. vol. Liége 1728.

Les Devoirs & les Obligations des Vierges Chrétiennes.

La Vie des Justes par de Villethierry.

93. *Le Pasteur Apostolique par Ducos* 2. vol. Liége 1704.

Homélies sur les Epîtres de S. Paul par Gastaud 2. vol. Paris 1703.

Theologici in octavo.

94. Politique tirée des propres Paroles de l'Ecriture Sainte par Boſſuet 2. vol. Liége.

Examen des Ordinans par du Vivier. Paris 1699.

L'incrédule conduit à la Réligion Catholique.

95. Nouvelle Démonſtration Evangélique, où l'on prouve l'utilité & la néceſſité de la Réligion dans le Paganiſme par J. Leland 4. vol. Liége 1768.

96. Les Traités de S. Auguſtin ſur l'Evangile de S. Jean 4. vol. Paris 1700.

97. Les Lettres de S. Auguſtin 4. vol. Lille 1707.

98. La Cité de Dieu de S. Auguſtin 4. vol. Amſterdam 1736.

99. Le véritable eſprit des nouveaux Diſciples de S. Auguſtin 4. vol. Brux. 1709.

100. Conférences Eccléſiaſtiques du Diocéſe de Luçon ſur les Commandemens de Dieu 18. vol. Paris 1684-1704.

101. Nicole Eſſais de Morale, contenus en divers traités ſur pluſieurs devoirs importans 10. vol.

102. ———— ſur les Sacremens 2. vol.

———— ſur le Symbole 2. vol.

———— ſur le prémier Commandement du Décalogue 2. vol.

———— ſur l'Oraiſon Dominicale.

103. ———— Eſſais de Morale 10. vol. manque tom 6.

104. Thomaſſin Traité du Négoce & de l'Uſure.

———— Méthode d'étudier & d'enſeigner la Philoſophie.

———— Traité de la Vérité & du Menſonge.

———— Méthode d'étudier & d'enſeigner les Hiſtoriens Profanes 2. vol. Paris 1693-1700.

105. La Vie de S. Athanaſe par Hermans 2. vol. Paris 1679.

Lettres Chrétiennes & Spirituelles par de Sacy 2. vol. Paris 1690.

106. J. Croiſet, Retraite Spirituelle 2. vol. Paris 1741.

———— Sentimens que la Retraite inſpire.

Avis & Réflexions ſur les devoirs de l'Etat Réligieux 2. vol. Avignon 1711.

107. Introductions aux Vertus Morales & Héroïques par Croiſet 2. vol. Bruxell. 1712.

Lettre d'un Abbé à ſes Réligieux &c. Paris 1699.

L'incrédule conduit à la Réligion Catholique Tournay 1769.

108. *Introductions aux Vertus Morales & Héroïques par Croiset* 2. *vol. Brux.* 1712. 0. 6.
Politique tirée des propres Paroles de l'Ecriture Sainte par Boſſuet 2. *vol. Brux.* 1721.
L'incrédule conduit à la Réligion Catholique. 8.
109. *Pratique de la Perfection Chrétienne par Rodriguez* 3. *vol. Brux.* 1712. 0
110. *Inſtructions courtes & familiéres ſur les Evangiles des Dimanches &c. par Lambert* 2. *vol. Paris* 1721. 0. 7. 2
Politique tirée des propres Paroles de l'Ecriture Sainte par Boſſuet 2. *vol. Brux.* 1721.
111. *Inſtructions familiéres ſur les quatre parties du Caté- chiſme Romain par Céſar de Bus* 5. *vol. Lyon* 1688. 0. 14. 6
112. *Diſcours Synodaux ſur toutes les Fonctions Paſtorales, par de la Volpiliére* 2. *vol. Paris* 1704. 0 7.
Entretiens Eccléſiaſtiques ſur la Pénitence par M. de la Font 2. *vol. Paris* 1715.
113. *Méditations ſur les plus importantes Vérités de l'Evan- gile par Abelly* 2. *vol. Paris* 1706. 0 4.
Les véritables Lettres d'Abaillard & d'Héloïſe 2. *vol. Paris* 1723.
114. *Heures Paroiſſiales, François-Latin* 5. *vol. Paris* 1726. 0 8.
Les Offices des Rogations, de l'Aſcenſion &c.
115. *Inſtructions familiéres ſur les quatre parties du Caté- chiſme Romain par Céſar de Bus* 5. *vol. Lyon* 1688. 0 18.
116. *Le Sacramentaire des Paſteurs par Joliot* 4. *vol. Pa- ris* 1723. 0. 4
117. *Inſtructions Chrétiennes ſur les Myſtéres de N. S. J. C. & les principales Fêtes de l'année* 5. *vol. Paris* 1673. 0 5.
118. *Le Prédicateur Evangelique inſtruiſant les Fidéles de la pratique des Vertus par M. G. D. M.* 5. *vol. Paris* 1677. 0 10.
119. *Inſtructions ſur tous les Myſtéres de Jeſus-Chriſt & pour les Fêtes de la S. Vierge* 6. *vol. Paris* 1706.
Inſtructions & Pratiques pour paſſer ſaintement tous les temps de l'année 2. *vol. Paris* 1717.
120. *Girouſt Sermons pour le Carême* 3. *vol.* ——— *pour l'Avent* 2. *vol. Brux.* 1707. 0 9.
121. *Diſcours Chrétiens ſur les Evangiles de tous les Di- manches de l'année* 4. *vol. Paris* 1699. 0. 4

122. *La Science universelle de la Chaire ou Dictionnaire Moral* 6. vol. Paris 1708.

123. *L'Année Chrétienne ou les Messes des Dimanches, Féries & Fêtes de toute l'année* 11. vol. Brux. 1703.

124. *Commentaires Littérales sur tous les Livres de l'ancien & du nouveau Testament, par le R. P. de Carriéres* 24. vol. Paris 1710-1717.

125. *J. B. Thiers de la plus nécessaire de toutes les Dévotions* 2. vol. Liége 1703.

   ——— *Traité de l'Exposition du S. Sacrement de l'Autel* 2. vol. Paris 1679.

126. ——— * *Traité des Superstitions* 4. vol. Paris 1704. *manque tom* 1.

127. ——— *Traités des Cloches* Paris 1721.

   ——— Disceptatio de Stolâ Parif. 1674.

128. ——— *la Sauce Robert* 1679.

   ——— *Dissertation sur la Sainte Larme de Vendôme* Amst. 1751.

   ——— *Traité de la Clôture des Réligieuses* Paris 1681.

129. ——— Disceptatio de Stolâ Parif. 1674.

   ——— *de la Clôture des Réligieuses* Paris 1681.

   ——— *de la plus nécessaire de toutes les Dévotions* 2. vol. Liége 1703.

130. ——— *de l'Exposition du S. Sacrement* 2. vol. Paris 1679.

   ——— *de la plus nécessaire de toutes les Dévotions* 2. vol. Liége 1703.

131. *Avrillon de l'Amour de Dieu à l'égard des Hommes* Paris 1740.

   ——— *Commentaire sur le grand Précepte de l'Amour de Dieu* 1742.

132. ——— *Commentaire sur le Pseaume Miserere* Paris 1747.

   ——— *Conduite pour passer saintement le Carême* 1740.

133. ——— *Pensées sur différens sujets de Morale.*

134. ——— *les trente Amours Sacrés.*

   ——— *Méditations sur la S. Communion* 1749.

   ——— *Conduite de la Pentecôte & du S. Sacrement* 1746.

135. *Manuel des Pasteurs par l'Abbé Dinouart* 2. vol. Lyon 1766.

136. *La Sainte Bible en Latin & en François, avec une*

explication par le Maître de Sacy 39. vol. Brux.
1723.

137. *Exercices de Piété pour tous les jours de l'Année,* 3. 4.
  par le R. Pére Jean Croiset 18. vol. Lyon 1745.

138. *Boudon l'Homme intérieur Paris 1758.* 0. 2.
  ———— *Sentimens que la Retraite inspire.*
  D'Argentau sur les grandeurs de la S. Vierge tom I.

139. Overbloedigen Ougst der Geestelyke Gezangen. 0. 3.
  Chysebaert tegenwoordigheyd Christi in het
    H. Sacrament.
  Oprechte maniere van bidden.
  Den verborgen Schat des H. Evangelie door
    Polch.
  Regelen van een Christelyk Leven door le
    Tourneaux.
  Godvzuchtige Bemerkingen op eenige Waerhe-
    den.

140. Geestelyke Gezangen. 0. 3.
  Den Contre-rolleur der Conscientie.
  Den getrouwen Vriend tot'er dood.
  Den Spiegel der Volmaektheyd.
  Verklaeringe van den Catechismus door Bel-
    larmini.
  Heylig verlangen nae de Dood door Lalemant.

141. Verhandelinge aengaende de Ceirling en Kaert- 0. 2.
    spelen door Hellynckx.
  Het Leven van den H. Guido.
  Onderwyzingen van het Jubile.
  Den Regel der Volmaektheyd.
  Een kleyn Tractaetjen van de Liefde Gods.
  Geestelyke Gezangen.

142. Verhandelinge van de Ceirling en Kaertspelen 0. 3.
    door Hellynckx.
  Geestelyke Oeffeningen door Vierkens.
  Het Ryk Gods in de Zielen.
  Onderwyzingen van het Jubile.
  Geestelyke Gezangen.

143. Verhandelinge van de Ceirling en Kaertspelen 0. 3.
    door Hellynckx.
  Den Schat der Meditatien door Buseum.
  Het H. Jaer van de Predikheeren-Orden.
  Geestelyke Brieven door Huygens.
  Rykbloeyende Fonteyne der Gebeden.

144. Het heylig Jaer van de Predikheeren-Orden. 0. 3.

Theologici in octavo.

De ongemaskerde Liefde des Hemels door J.
    a Castro met printen.
Weg tot de waere Deugd door L. Meyere eer-
    ste deel.
Maniere om stervende Menschen by te staen.
Geestelyke Gezangen

o · 4. 8 145. Verhandelinge van de Ceirling en Kaertspelen
    door Hellynckx.
Geestelyke Gezangen.
Christelyke Brieven door Huygens.
Het Godelyk Hert door Bottens eerste deel.
Jesus Zaligmaeker door Carlier.

4. 8 146. Varia 2. vol.
Meditatien van Engelgrave.
Catechismus door vanden Berge.
Het Hemelsch Palmhof.
Onderwys om wel te biechten.
Het Geestelyk Bethlehem.

o · 3 · 6 147. Verklaeringe van den Aflaet door du Jardin.
Geestelyke Gezangen.
Het Heyligdom besloten.
Geestelyke Brieven van Sales.
Mirakelen van den H. Nicolaus van Tolentyn.
Weg tot den Hemel door Bertha.

o · 3. 6 148. Catechismus door Makeblyde.
Geestelyke Gezangen.
De waere Penitentie door Wittoek.
Den H. Augustinus van de waerachtige Religie.
Bemerkingen op eenige Waerheden.

o · 5 · 2 149. Catechismus van Bossuet.
Epistels en Evangelien.
Getyden der Overledene.
* Goude Myne ondergraven.
Christelyke Gepeyzen door Larman.
Bemerkingen op de Zondagen en Heyligdagen.
Samenspraeken tusschen Philaletes en Philo-
    thea.

o · 2 · 5 150. Bemerkingen op de Barmhertigheyd Gods.
Overdenkingen op de voornaemste Plichten.
Remedien tegen de Bekoringen.
Verhevendheyd der Prochie-Kerken.
Kleynen Catechismus.
Eygendommen van Jesus ten opzicht van den
    Mensch.

Het Vagevier bevestigd door Hazart.
151. Verduyn op de weldaeden Gods.   0. 3.
Meditatien door Ghyspet tweede deel.
Het Bruydegoms Beddeken door Zachmoorter.
Den Schat der Geestelyke Lofzangen.
De innige Alleenspraeke.
Catechismus Fransch en Vlaemsch.   o   6.
152. De Historie van het oud en nieuw Testament
2. deelen Brussel 1726.
Historie van het H. Sacrament van Mirakel
van Amsterdam met printen.   o. 10.
153. Den Roomschen Catechismus door Foppens.
Geestelyke Oeffeningen door Dierkens,
Devotie tot het H. Hert door Ooms.
154. Den Roomschen Catechismus door Foppens.   0. 7.
Den weg des eeuwig Levens door Surquet
met printen.   o   5.
155. Bemerkingen op het Gebed des Heere door
Verduyn.
Den Geestelyken Schat door Quarre.
Spoore der Godelyke Liefde.
Den blyden Requiem / den droeven Alleluia /
en de gelukkige Uytvaerd.
156. Hand en Huys-boek der Catholyke door van   0. 3.
Staden.
Redelyke gehoorzaemheyd in het lezen der H.
Schrifture door Harney.
Bedriegeryen der Ketters door Simonis.
157. Schole der Waerheyd door du Jardin 2. deelen.   0   5.
Zeven Predikatien over de zeven Vraegen van
het Gebed des Heere door de Groot.
Remedien tegen de Bekoringen.
Tegen-bergist tegen eene groote Peste van het   o   17.
Christendom door Cauwe.
158. Het Licht op den Kandelaer gesteld tot verlich-
tinge der Nieuwgezinde door Arnout van
Geluwe 2. deelen.
Eene openbaere Ziel-profytige Disputatie.
159. Het Licht op den Kandelaer door Arnout van   o   5.
Geluwe.
Stevaert tegen Quesnel.
Onfeylbaerheyd der Roomsche Kerke door Vol-
mans.   0   6.
160. De Psalmen van David Gend 1725.

* Geeſtelijke Zede-puncten 2. deelen Antwer-
    pen 1709.

* Geeſtelijken Zielbeſtierder.

161. * Het Boek der Pſalmen Delft 1699.

* Geeſtelijken Zielbeſtierder.

Regels van het Chriſtendom.

De Gyges/ ofte algemeynen Onderzoeker van
    d'Heer M. Loeffius.

Brief van een Roomſch-Katholijk Prieſter aen
    een R. K. Rechtsgeleerden te Duſſeldorp.

162. * Wonderbaere Sermoenen gepredikt binnen
    Brugge door Broeder Cornelis Adriansens
    2. deelen.

Verhandelinge van den natuerelyken Godsdienſt
    door Maryn.

Tafel des Geloofs door J. Stratius.

163. * J. vanden Honert/ van de Tranſubſtantiatie
    der Roomſche Kerke.

* ——— over het gezag der Zinnen. Leiden
    1738.

* Hiſtorie van Don Ignatius de Loyola tweede
    deel.

* Geeſtelijken Zielbeſtierder.

164. * L. Montaltii Litteræ Provinciales cum Notis
    Wendrochii Col. 1665.

* Varia Moderna.

De Regno Adversus Nic. Machiavellum libri tres.

165. * L. Montaltii, Litteræ Provinciales cum Notis
    Wendrochii Col. 1668.

De Obligatione audiendi Verbum Dei in Parochiis.

C. Curti de Clavis Dominicis liber cum fig.

166. De Cocq Principia totius Theologiæ Moralis &
    Speculativæ 4. vol. Col. Balt. ab Egmond 1689.

167. *Sermons sur les Vérités Chrétiennes par de Volpilière*
    4. vol. Paris 1689.

Merveilles de Dieu dans le S. Sacrement de l'Autel.
    Paris 1683.

168. *Nicole Essais de Morale 10. vol.*

——— *sur le prémier Commandement du Décalogue*
    2. vol.

——— *sur les Sacremens 2. vol.*

——— *sur l'Oraison Dominicale.*

169. * *La Morale pratique des Jesuites 8. vol. 1683.*

* *Le Catéchisme des Jesuites.*

170 * *Métamorphoses de la Religion Romaine par J. Ay-
mon à la Haye* 1700.
* De gansche H. Schrifture Dordrecht.
Gedenkeerend Betoog / dat de Beesten geen ge-
voelen hebben door le Grand.
171 * Historisch Verhael van de Inquisitie in Goa.
* De gansche H. Schrifture Dordrecht 1730.
172 Den Geestelyken Schat door Quarre.
Den inwendigen Christenen.
* Den Geestelyken Zielbestierder.
Triumphe van den Godsdienst (Tonneel-Diese
door d'Arnaud Maestricht 1769. bis.

Libri Theologici in quarto.

173 PEtri Aurelii Theologi Opera 3. tom. in uno   O.   2.
     vol. Parisiis 1674.
Ben. Arias Montanus in Psalmos Antv. 1605.
174 A. Hochkirchen Ethica Christiana seu Orthodoxa   O.   3.
    Juris Naturalis & Gentium Prudentia 2. vol. Tra-
    jecti ad Mosam 1751.
175 Quæstio Monasticò-Theologica de Carnium Esu &c   O.   2.
    Lov. 1751.
176 Delrio Disquisitiones Magicæ Lov. 1599.
De Borre Apologia pro Exorcistis, Energumenis   O.   8.
    Maleficis.
Thomæ à Kempis Opera omnia.
177 Pauli Merz Thesaurus Biblicus seu Dicta & Exem-   O.   9.
    pla Biblica super omnes Materias dabiles & occur-
    rentes. Aug. Vendelic. 1734.
Ben. Ariæ Montanus in Psalmos Antv. 1605.
178 Quæstio Monasticò-Theologica de Carnium Esu &c.   O.   2.
    Lov. 1751.
179 Ant. Hochkirchen Ethica Christiana seu Orthodoxa   O.   3.
    Juris Naturalis & Gentium Prudentia 2. vol. Tra-
    jecti ad Mosam 1751.
180 Breviarium Romanum Antv. 1688.————————   O.   12.
181 R. Cardinalis S. Sixti Expositio brevis & utilis su-   O.   15.
    per toto Psalterio, Romæ 1476.
Enchiridion seu Manuale Episcoporum Auctore
    Barthol. Gavanto Antv. 1651.
De Sarasa Ars semper Gaudendi.
182 Methodus Confessionis Compendiaria, Auctore F.   O.   6.
    C. Viexmontio.

B

Theologici in quarto.

Martyrologium Romanum Antv. 1657.

Commentarius Theologicò-Moralis in Refcript. Benedicti XIV. ad Archiepifc. Compoftel. Auctore F. D. Concina Venetiis 1745.

183 La Selve Annus Apoftolicus in Dominicas & Fefta 4. vol.

184 Quæftio Monafticò-Theologica de Carnium Efu &c. Lovanii 1751.

185 De Lanuza, Homiliæ Quadragefimales 4. vol.

186 Quæftio Monaftico-Theologica de Carnium Efu &c. Lovanii 1751.

187 R. P. Segneri Homo Chriftianus in fua Lege Inftitutus 3. tomi in 2. vol.

———— Quadraginta Sermones.

———— Incredulus non excufatus.

188 Vetus Difciplina Monaftica operâ & ftudio Presbyteri & Monachi Benedicti è Congreg. S. Blafii Parifiis 1726.

189 Delrio Difquifitiones Magicæ.

Schelftrate Ecclefia Africana.

190 Delrio Difquifitiones Magicæ.

Statuta omnium Curiarum Ecclef. Mechlinienfis Mechl. 1667.

191 M. Nau Ecclefiæ Romanæ Græcæque vera Effigies Parifiis 1680.

Confeffio Catholicæ & Apoftolicæ in Oriente Ecclefiæ Græco-Latina, Helmeftadii 1561.

192 Nova Collectio Statutorum Ordinis Carthufienfis Correriæ 1681.

Decreta Concilii Provinc. Cameracenfis Antv. 1566.

193 Martene Veterum Scriptorum & Monumentorum Collectio nova Parifiis 1700.

———— de Antiquis Ecclefiæ Ritibus 3. vol. Rotomagi 1760.

194 Liturgiarum Orientalium Collectio, operâ & ftudio Euf. Renaudotii 2. vol. Parifiis 1716.

195 Boffuet Defenfio Declarationis celeberrimæ, quam de Poteftate Ecclefiaftica fanxit Clerus Gallicanus 2. vol. Luxemb. 1730.

196 Quæftio Monaftico-Theologica de Carnium Efu &c. Lovanii 1751.

197 J. Catalanus de Secretario S. Congregationis Indicis libri 2. Romæ 1751.

———— de Magiftro S. Palatii Apoftolici lib. 2. ibid.

198 Delrio Difquifitiones Magicæ.   0. 2.
199 Quæftio Monaftico-Theologica de Carnium Efu &c.
     Lovanii 1751.
200 Méditations fur les principales Vérités Chrétiennes par   0. 2.
     Buvelet.
     L'Hiftoire Sainte des Rois par Talon tom 3.
201 Méditations fur les Myftéres de la Foi par Louis du   0. 3.
     Pont.
     ——— de Buvelet.
202 De l'Action de Dieu fur les Créatures 2. vol. Paris   0. 2.
     1713.
     Méditations de Buvelet Paris 1677.
203 Dictionnaire de la Langue Sainte par le Chévalier   0. 6.
     de Leigh Amfterdam 1703.
     Méditations de Buvelet Paris 1664.
204 Défenfe des SS. Péres accufés de Platonifme Paris 1711.   0. 2.
     Méditations de Buvelet Paris 1672.
205 Défenfe des SS. Péres accufés de Platonifme Paris   0. 3.
     1711.
     Méditations de Buvelet Paris 1677.
206 Concordance des Saints Péres de l'Eglife Gréque &   0. 9.
     Latine par le R. P. Bern. Maréchal 2. vol. Paris
     1748.
207 Difcipline de l'Eglife touchant les Bénéfices & les   0. 3.
     Bénéficiers par Thomaffin Paris 1702.
208 Idem. ————   0. 3.
209 Idem 1720. ————   ————   0. 4.
210 Differtations qui peuvent fervir de Prolégoménes de   1. 14.
     l'Ecriture Sainte par Calmet 3. vol. Paris 1720.
211 La Sainte Bible traduite en François fur la Vulgate   0. 15.
     3. vol. Liége 1700.
212 * Apologie de l'Evéque de Babilone Amft. 1714.   0. 8.
     * ——— pour les Religieufes de Port-Royal 1665.
213 * La Morale des Jefuites extraite fidélement de leurs   0. 3.
     Livres Mons 1667.
     * Eclairciffement du Fait & du Sens de Janfenius
     Col. 1660.
214 * Actes de tous les Synodes Nationaux des Eglifes   0. 3.
     Réformées de France, mis au jour par Aymon 2.
     vol. à la Haye 1710.
215 Recueil de plufieurs piéces au fujet des affaires de la   0. 2.
     Conftitution Unigenitus 1721.
216 * Les Hexaples ou les fix Colonnes fur la Conftitu-   5. 0.
     tion Unigenitus 7. vol. Amft. 1721.

* *Histoire des Réflexions Morales & de la Constitution Unigenitus pour servir de Préface aux Hexaples Amst.* 1723.

Le nouveau Testament Bruxelles 1700.

Méthode dont les Péres se sont servis en traitant les Mystéres par l'Abbé de Moissy Paris 1683.

Le Dictionnaire Chrétien Paris 1691.

218   Thomassin Mémoires sur la Grace Paris 1682.

———— *Discipline de l'Eglise Paris* 1720.

219   * Wieri Opera omnia Amst. 1660.

    * Causa Quesnelliana Bruxell. 1704.

220   Wigandt Tribunal Confessariorum & Ordinandorum cum Additionibus Propositionum damnatarum, & Bullæ Cruciatæ Traj. ad Mosem 1729.

    Varia.

221   Conciones Ginther 4. vol. Aug. Vindelic. 1721.

222   B. Lamy Commentarius in Concordiam Evangelicam 2. vol. Paris. in Typog. Regiâ 1699.

223   Fortunati Schacchi Arcanorum Sacræ Scripturæ sive Sacrorum Elæochrismaton Myrothecium Sacrò Profanum 3. vol. Romæ 1625.

224   B. Lamy Commentarius in Concordiam Evangelicam 2. vol. Paris. in Typog. Regiâ 1699.

225   Martene de Antiquis Ecclesiæ Ritibus 2. vol. Rotomagi 1700.

226   Conciones Ginther 4. vol. August. Vindelic. 1734.

227   * Causa Ecclesiæ Ultrajectinæ Delphis.

    * Erkelii Defensio Ecclesiæ Ultrajectinæ contrà Fictiones G. P. Hoyinck à Papendrecht Amst. 1728.

228   * Geestelyke Stad Gods van Zuster Maria van Jesus Abbisse in de Stad van Agreda/ 9. deelen met printen/ geschreven.

229   Den ongerusten Gereformeerden door van Moortwyck.

    Klaere aenwyzinge van de Kerke Christi door Wandelman.

230   * Het Leven van den grooten Apostel Paulus door J van Hoogstraeten Amst. 1712.

    Klaere aenwyzinge van de Kerke Christi door Wandelman.

    Den ongerusten Gereformeerden door van Moortwyck.

231   Den ongerusten Gereformeerden door van Moortwyck.

Klaere aenwyzinge van de Kercke Christi door Wandelman.

Geestelyke Lofzangen door Harduyn.

Libri Theologici in folio.

232 PEtri Aurelii Theologiae Opera 3. tomi in 1. vol. Parif. apud *Vitray* 1642.

233 Theologia Contenson 2. tomi in 1. vol. Col. 1687.
Loth Refolutiones Theologicae Duaci 1653.

234 Theologia Neefen Infulis 1693. ———
Loth Refolutiones Theologicae Duaci 1653.

235 Summa Divi Thomae Antv. 1629. ———

236 Wiggers in D. Thomam 3. vol. Lov. 1657.———

237 Summa Divi Thomae Duaci 1614. ———

238 Adami Taneri Theologia Scholaftica 4. vol. Ingolftadii 1627.

239 Quaeftiones Difputatae S. Thomae Antv. 1569.———
Loth Refolutiones Theologicae.

240 Summa Divi Thomae Col. 1604. ———

241 Wiggers in D. Thomam 3. vol. Lov. 1665. ———

242 Sinnichii Saül Ex Rex 2. vol. Lov. 1662.
Bofii Crux Triumphans.

243 Summa Divi Thomae Duaci 1614.

244 Silvius in D. Thomam 4. vol. Antv. 1667. ———

245 Leffius de Jure & Juftitia cum Appendice de Monte Pietatis.
——— Opufcula.

246 Summa Divi Thomae Duaci 1624.———

247 Morinus de Poenitentia 1682. ———

248 Dianae Refolutiones Morales 12. tomi in 6. vol. Antv. 1637.

249 Summa Divi Thomae Antv. Plant. 1585.———

250 Euf. Nierenbergii Hieromeliffa Bibliotheca. —
D. Auguftinus in Pfalmos Antv. 1680.

251 S. Caroli Borrom. Inftructiones & Decreta Parif. 1645.

252 Marchantii Hortus Paftorum Col. 1635.

253 Summa Divi Thomae 3. tomi 2. vol. Lugd. 1686.

254 Theologia Neefen 2. vol. Antv. 1707. ———

255 Morinus de Poenitentia Antv. 1682. ———

256 Pontius de Matrimonio Bruxell. 1632. ———
Leffius de Jure & Juftitia cum Appendice.

257 Fromondus in Epiftolas Pauli Lov. 1663.
D. Dionyfius Carthufianus in Evangelia Parif. 1530.

o. 3. 2   258 Leſſius de Jure & Juſtitia cum Appendice.
            ——— Opuſcula.
o. 15. 0 259 Summa Divi Thomæ 3. vol. Antv. Plant. 1575.
o. 10. 6 260 Drexelii Opera omnia 2. vol. Antv. 1643.
o. 18. 6 261 C. Janſenius Gandavenſis in Evangelia Lov. 1571.
          262 Fromondus in Epiſtolas Pauli Lov. 1663. -
o. 6. 5   M. Ayguanus in Pſalmos Pariſ. 1626.
o. 14. 0 263 Drexelii Opera omnia 2. vol. Antv. 1643.
o. 8. 0   264 Wiggers in D. Thomam 3. vol. Lov. 1676.
o. 3. 2   265 Vincent. de Juſtis de Diſputationibus Matrimonia-
            libus Lucæ 1691.
            Fromondus in Epiſtolas Pauli Lov. 1663.
2. 0. 0 266 Conciones Fabri cum Auctario 4. vol. Antv. 1663.
        267 Pacinchellus in Jonam 2. vol. Antv. 1680.
o. 6. 2   268 Labatæ Theſaurus Moralis 2. vol. Antv. 1652.
o. 3. 7   269 J. Cibochiſii Diſcurſus Morales in ſeptem Pſalmos
2. 6. 1   Pœnitentiales 2. vol. Auguſt. Vindelic. 1699.
2. 0. 0 270 Conciones Fabri cum Auctario 4. vol. Antv. 1663.
        271 Drexelii Opera omnia 2. vol. Antv. 1660.
o. 18. 6 272 Barradii Commentaria in Concordiam Hiſtoricam-
o. 5. 6   Evangelicam Antv. 1622.
            Haræus de Vitis Sanctorum Col. 1605.
o. 7. 2 273 H. Roſweydi Vitæ Patrum.
o. 5. 6 274 Gonet Clypeus Theologiæ Thomiſticæ 5. vol. Col.
            1677.
o. 16. 6 275 Summa Divi Thomæ Lugd. 1677.
        276 Sylvius in D. Thomam 6. vol. Antv.
2. 15. 0 277 D. Ruperti Opera 2. vol. Col. 1602.
2. 3. 1 278 D. Auguſtinus in Pſalmos Antv. 1662.
            Pennotti Hiſtoria tripartita Canonicorum Ordinis
              Col. 1630.
o. 6. 7 279 Bibliotheca Premonſtratenſis Ordinis Pariſ. 1633.
            Boſii Crux Triumphans.
o. 3. 0 280 * Polyanthea Langii Franc. 1617.
o. 3. 2 281 Pennotti Hiſtoria tripartita Canonicorum Ordinis
              Col. 1630.
            Boſii Crux Triumphans.
o. 12. 6 282 Bibliotheca Mundi ſeu Speculi majoris Vincentii
              Burgundi 4. vol. Duaci 1624.
o. 4. 2 283 Loth Reſolutiones Theologicæ.
            Weſthoni Enarrationes SS. Coruſcationum Chriſti.
o. 5. 0 284 Hoſii Opera omnia Antv. 1571.
            Boſii Crux Triumphans.
o. 7. 0 285 Theologia Contenſon 2. tom. 1. vol. Col. 1687.
        286 Hortus Paſtorum Marchantii Lugd. 1679.

Concordata inter S. Sedem Apoftolicam & Inclytam Nationem Germaniæ.

287 Eftius in difficiliora Loca S. Scripturæ Antv. 1652.
—————— in Magiftrum Sententiarum 3. tom. in 1. vol. Duaci 1615.

288 Collectio Judiciorum de novis erroribus, qui ab initio duodecimi Sæculi ufque ad Annum 1632. in Ecclefia profcripti funt per du Pleffis d'Argentré 2. vol. Parif. 1726.

289 Corn. à Lapide in Epiftolas Pauli Antv. 1614.
290 —————— in Prophetas Majores 1622. ——————
291 —————— in Acta Apoftolorum 1624. ——————
292 —————— in Jeremiam Prophetam 1625. ——————
293 —————— in Pentateuchum 1623.
294 —————— in Evangelia 1639.
295 —————— in Ezechiëlem Prophet. 1621. ——————
296 —————— in Epiftolas Pauli 1621.
—————— in Prophetas Majores.
297 —————— in Ezechiëlem Prophet.——————
—————— in Jeremiam Prophet.
298 —————— in Epiftolas Pauli 1621. ——————
299 —————— in Pentateuchum. ——————
300 —————— in Epiftolas Pauli 1635.
301 —————— in Pentateuchum 1616. ——————
302 —————— in Prophetas Majores 1625. ——————
303 —————— in Epiftolas Pauli 1614.
304 —————— in Pentateuchum 1623.
305 Eftius in Epiftolas Pauli. Parifiis 1623. ——————
306 Gonet Clypeus Theologiæ Thomifticæ 5 tomi in 4. vol. Antv. 1700.
307 P. Roberti Aurifodina Scientiarum Divinarum & Humanarum 2. vol. Col 1700
307 *bis* Biblia Sacra Parifiis *Vitré* 1662. ——
308 J. Bollandi Acta Sanctorum, Januarii 2. vol. Antv. 1643.
309 —————— Januarii 2. vol. ibid. ——————
—————— Februarii 3. vol ibid 1658.
310 —————— Januarii 2. vol. ibid 1643.——————
—————— Februarii 3. vol. ibid 1658.
311 —————— Aprilis 3. vol. ibid 1675.——————
312 —————— Januarii 2. vol. ibid 1643. ——————
—————— Februarii 3. vol. ibid 1658.
—————— Martii 3. vol. ibid 1668.
—————— Aprilis 3. vol. ibid 1675.

Theologici in folio.

313 Papebrochii Propylæum ad Acta Sanctorum Maii ibid 1685.

314 Bollandi Acta Sanctorum Februarii tom. 3.

315 Engelgrave Lux Evangelica in Dominicas cum fig. 2. tomi in 1. vol. Antv. 1667.

—————— in Festa cum fig. Col. 1657.

—————— Cœlum Empyreum in Festa & Gesta Sanctorum per Annum &c. 2. vol. cum fig. Col. 1668.

316 Hieræmiæ Drexelii Opera omnia 2. vol. Antv. 1660.

317 Onomasticon Urbium & Locorum Sacræ Scripturæ operâ Jacobi Bonfrerii Amst. 1707.

318 D. A. Mauden Discurssus Morales in decem Decalogi Præcepta Lov. 1627.

Engelgrave Lux Evangelica in Festa cum fig.

319 J. Bromiari Summa Prædicantium Antv. 1614.

Haræus de Vitis Sanctorum Col. 1605.

320 P. Ribadeneira Vitæ Sanctorum in modum Concionum scriptæ Col. 1630.

321 Rosweydus Vitæ Patrum Antv. Plant. 1615.

322 Levens ende Spreuken der Vaderen door Rosweydus Antwerpen 1617.

323 Legatio Ecclesiæ triumphantis pro liberandis Animabus è Purgatorio per P. Eliam à S. Theresia 2. vol. Antv. 1638.

324 Estius in Difficiliora loca S. Scripturæ Antv. 1682.

325 —————— in Epistolas Pauli Col. 1631.

—————— in Magistrum Sententiarum 4. tomi in 2. vol. Parisiis 1696.

326 —————— in Difficiliora loca S. Scripturæ Antv. 1652.

327 Drexelii Opera omnia 2. vol. Antv. 1660.

328 Bellarmini Controversiæ 4. tomi in 3. vol. Col. 1620.

329 Cabassutii Notitia Ecclesiastica Historiarum, Conciliorum & Canonum Lugd. 1702.

330 Silvius in D. Thomam 4. vol. Antv. 1698.

331 Stapletoni Opera omnia tomi 1. & 3. Paris. 1620.

332 Compendium Theologiæ Salmanticensis 2. vol. August. Vindelic. 1726.

333 Theologia Daelman Antv. 1735.

334 Natalis Alexander in Evangelia Traj. ad Mos. 1721.

335 J. Cibochisius in Psalmos 2. vol. Augustæ Vindel. 1699.

336 Cabassutii Notitia Ecclesiastica Historiarum, Conciliorum & Canonum Lugd. 1689.

337 Natalis Alexander in Evangelia Parifiis 1703.
338 J. Pontas Dictionnarium Cafuum Confcientiæ 3.
    vol. Luxemburgi 1731.
339 Thomæ le Blanc Commentaria ampliffima Concio-
    natoria in omnes Davidis Pfalmos 6. vol. Col.
    1726.
340 R. P. H. Seynenfis Conciones Prædicabiles in Do-
    minicas & Fefta per totum Annum 4. vol. Col. 1677.
341 R. P. Michaëlis Vivien Tertulianus Prædicans 3.
    vol. Auguft. Vindelic. 1715.
342 M. A. Boldetti Offervazioni fopra y Cimiteri de
    SS. Martiri ed antichi Chriftiani di Roma 3. tom.
    2. vol. Romæ 1720. cum figuris.
343 Miffale Romanum Lugd. 1550.
344 Pontificale Romanum Gregorii XIII. Pont. Max.
    Venetiis 1582.
345 Miffale Ordinis Gallicani Befanæ 1480. ——
346 Pontificale Romanum Antv. Plant. 1627. ——
347 Martyrologium Romanum Antv. Plant. 1613. ——
348 Pontificale Romanum Antv. Plant. 1663. ——
349 Pontificale Majoris Hebdomadæ Officia & Miffas
    complectens pro faciliori Pontificum ufu. Urbini
    1727. Corio cœrulio ubique deaurato.
350 S. Gregorii Magni Papæ I. Opera 6. tomi in 2. vol.
    Antv. 1615.
351 S. Bafilii Magni Opera omnia Antv. 1616. ——
352 S. Optatus de Schifmate Donatiftarum cum Notis
    Albafpinæi Antv. 1702.
353 * S. Cypriani Opera recognita & illuftrata ftudio
    & labore Joannes Felli, Editio tertia, cui additæ
    funt Henrici Dodwelli Differtationes Cyprianicæ
    Amft. 1700.
354 S. Hilarii Opera omnia Parifiis 1652. ——
355 S. Cypriani Opera cum Notis Rigalti Parif. 1666. ——
356 S. Gregorii Nazianzeni Opera Græcò-Lat. Col.
    1690.
357 S. Hildeberti & Marbodi Opera ex editione Ant.
    Beaugendre Parifiis 1708.
358 S. Joannis Climaci Opera omnia Græcò-Lat. Parif.
    1633.
359 SS. PP. Leonis & Petri Chryfologi Opera Parif. 1671.
360 S. Hilarii Opera omnia ftudio & labore Monacho-
    rum Ordinis S. Bened. è Congregatione S. Mauri
    2. tomi 1. vol. Veronæ 1730.

361 Sept. Flor. Tertuliani Opera Parif. 1675.

362 S. Ephrem Syri Opera Græca è Codicibus Manufcriptis Bodleianis, Oxoniæ 1709.

363 S. Cypriani Opera recognita & illuftrata ftudio ac labore Stephani Baluzii cum Præfatione & Vita S. Cypriani ab uno ex Monachis Congr. Sancti Mauri in lucem edita. Parif. 1726.

364 S. Gregorii Magni Opera omnia 3. vol. Parifiis 1675.

365 S. Bernardini Senenfis Opera omnia cum Notis de la Haye 5. tomi in 2. vol. Lugd. 1650.

366 S. Athanafi Archiepifcopi Alexandriæ Opera Græco-Latina 2. vol. Col. 1686.

367 S. Leonis Magni Opera omnia cum Notis Cacciari 3. vol. Roma 1753.

368 S. Gregorii Magni Opera omnia 3. vol. Parif. 1675.

369 V. Bedæ Opera omnia 8. tomi in 4. vol. Col. 1688.

370 Bern. Lamy de Tabernaculo Fœderis, de Sancta Civitate Jeruzalem & de Templo ejus cum fig. Parif. 1720.

371 Bibliotheca Coisliniana olim Segneriana per D. Bern. de Montfaucon Parif. 1715.

372 S. Auguftini Opera tom. 1. Parif. 1689. Xenophontis Opera.

373 C. Bartholdi Pontani Bibliotheca Concionum 4. tomi in 3. vol. Col. 1625.

374 Fr. Schacchi Sacrorum Elæochrifmaton Myrothecia tria cum fig. Amftelodami 1710.

375 Chiaponi Acta Canonifationis Sanctorum Pii V. & aliorum Romæ 1720.

376 Profperi Lambertini de Servorum Dei Beatificatione & Beatorum Canonizatione 4. tomi in 5. vol. Bononiæ 1734.

377 Clementis XI. Epiftolæ & Brevia Selectoria 2. vol. Romæ 1724.

378 J. Sirmondi Concilia Antiqua Galliæ 3. vol. Parif. 1629.

379 Collectio omnium Conciliorum ftudio Labbei & Coffartii 18. vol. Parif. 1671.
Baluzii nova Collectio Conciliorum feu Suplementum ad Labbeum Parif. 1707.

380 Sotomajor Index Librorum Prohibitorum Madriti 1667.

381 Bibliotheca Critica-Sacra circa omnes ferè Sacro-

rum Librorum difficultates per Cherubin à Sancto
Joseph. 4. vol. Lov. 1704.

382 Dionisius Cartusianus in S. Scripturam 8. vol. Col.
1548.

383 J. Tirinus in S. Scripturam 3. vol. Antv. 1632.

384 Bern. Lamy de Tabernaculo Fœderis, de Sancta Civitate Jeruzalem & de Templo ejus cum fig. Parif. 1720.

385 Jacobi le Long. Bibliotheca Sacra in binos Syllabos
distincta 2. vol. Parif. 1723.

386 Biblia Sacra Vulgatæ Editionis Sixti V. & Clemen-
tiis VIII. Pont. Max. auctoritate recognita, verfi-
culis distincta 2. vol. Parif. 1731.

387 Biblia Sacra cui deëst titulus. ________________

388 Biblia Sacra ex emendatione Roberti Stephani Parif.
1546.

389 Biblia Sacra cum Notis Sa & Mariana 2. vol. Antv.
Plant. 1624.

390 Biblia Sacra cum figuris G. Hoet, Picard & Hoebrake 3. vol. Parif. apud *Vitray* 1662.

391 Biblia Sacra Operâ & Labore Theologorum Lova-
nienfium cum figuris Antv. Plant. 1583. litterâ
magnâ.

392 Dictionarium Hiftoricum, Criticum, Chronologicum, Geographicum & Litterale Sacræ Scripturæ per Calmet 2. vol. cum fig. Auguft. Vindel. 1729.

393 * *Difcours Hiftoriques, Critiques, Théologiques &*
Moraux fur les Evénemens les plus mémorables
du vieux & du nouveau Teftament par Mr. J.
Saurin avec les Figures de Hoet, Hoebrake & Pi-
card 6. vol. à la Haye 1728.

394 *La Sainte Bible traduite en François par les Théolo-*
giens de Louvain Paris 1683.

395 *Dictionnaire Hiftorique, Critique, Chronologique,*
Géographique & Littéral de la Bible par Calmet
2. vol. avec fig. Paris 1722.

396 *Les Œuvres Spirituelles de Louis de Grénade Paris*
1656.

397 *La Cour Sainte par Nicolas Cauffin 2. vol. Paris*
1664.

398 *Le grand Dictionnaire de la Bible, ou Explication*
Littérale & Hiftorique de tous les Mots propres du

*vieux & du nouveau Teſtament par Simon 2. vol.
Lyon 1703.*

399 *Les Œuvres Spirituelles de Louis de Grénade Paris
1662.*

400 * *Les Vies des Saints par Adrien Baillet 4. vol. Paris 1725.*

401 *Les Œuvres Spirituelles de Louis de Grénade 2. vol.
Paris 1690.*

402 *Ancienne & nouvelle Diſcipline de l'Egliſe, touchant les Bénéfices & les Bénéficiers par Louis
Thomaſſin 3. vol. Paris 1725.*

403 *Dictionnaire des Cas de Conſcience par Pontas 3.
vol. Paris 1734.*

404 *Thomaſſin Diſcipline de l'Egliſe, touchant les Bénéfices & les Bénéficiers 3. vol. Paris 1725.*

405 * *Les Eſſais de Michel de Montagne Paris 1657.*

406 Spoore der Katholyke tegen Leydecker door
C du Jardin Gend 1715.

407 Sermoenen van den H. Bernardus.

408 Spoore der Katholyke door C. du Jardin 2
deelen.

408 bis * De H. Schrifture door de Wit Utrecht
1717.

409 Spoore der Katholyke door C. du Jardin 2.
deelen.

410 Spoore der Katholyke door C. du Jardin 2
deelen.

411 Spoore der Katholyke door C. du Jardin 2.
deelen.

412 Corn. Hazaert grooten Catechiſmus tweede
deel.

——— Kerkelyke Hiſtorie vierde deel.

413 ——— Criomphe der Pauzen van Roomen
tweede en derde deel.

414 ——— Criomphe der Pauzen van Roomen 3.
deelen met printen.

415 De Levens der Heylige door Lambrecht Lo-
ben 1590.

Theater des Bedrogs door Vermeeren met fig.

416 * Den Vlaemſchen Bybel gedrukt by Willem
Gailliaert 1568.

417 * De geheele H. Schrifture door de Wit 2. deelen in een gebonden Utrecht 1717.

418 De H Schrifture Antwerpen 16,9.

419 * De geheele H. Schrifture door de Wit 2. deelen in een gebonden Utrecht 1717.
420 De H. Schrifture Antwerpen 1713
421 * De geheele H. Schrifture door de Wit 2. deelen Utrecht 1717.

Libri Classici, Philosophici, Medici &c. in Octavo.

422 JUstini Historiæ Romanæ. ————
  Orationes Livii.
  Ovidius de Fastis.
  Hesiodi Aserei Opera.
  Formulæ Terentianæ.
  Syntaxis.
423 Flores Latinæ Locutionis.
  Justini Historiæ Romanæ.
  Orationes Livii.
  Syntaxis & alii.
424 Justini Historiæ Romanæ.
  Poëmata Reylof.
  Dialectica.
  Orationes Livii & alii.
425 Proverbia Germanica.
  Orationes Livii.
  Grammatica, Syntaxis Societ. Jesu.
426 Justini Historiæ Romanæ.
  Orationes ex Historicis Latinis Excerptæ.
  Grammatica Gallica.
  Gretseri Institutiones Linguæ Græcæ & alii.
427 Justini Historiæ Romanæ.
  Orationes Livii.
  Gretseri Institutiones Linguæ Græcæ.
  Honderd Samenspraeken van M. Corderius en andere
428 L. Anneus Florus cum Notis Grævii.
  Centuria Colloquiorum Matur. Corderii.
  Phædri Fabulæ cum Versione Gallica.
  Orationes Livii.
429 L. Anneus Florus cum Notis Grævii.
  Orationes Livii.
  ———— selectæ.

30 *Libri Claff., Phil., Med. &c. in octavo.*

Juftini Hiftoriæ Romanæ.
Dialogi van Torre.
430 G. Paforis Lexicon Græco-Latinum in novum Tefta-
mentum.
Ifocratis Orationes & Epiftolæ cum Lat. Interpret.
Wolfii.
431 Philofophia Boyvin 4. vol.
Diogenes Laertius de Vitis, Dogm. & Apoph. cla-
rorum Philofophorum Græco-Lat.
432 Prifciani Grammatici Cæfarienfis Libri omnes.
Cauffini de Symbolica Ægyptiorum Sapientia.
Votum Candidum Carolo II.
433 *Lettres de Loredano Italien-François.*
Le Livre néceffaire de F. Barreme.
La Mécanique des Langues.
Grammaire de Gefdalle.
434 *Grammaire Françoife par Gayot.*
Dictionnaire François-Latin.
Synonyme François.
Les Comptes-faits par Barreme.
435 *Grammaire Françoife par Gayot.*
———— par Buffier.
La Politeffe de la Langue Françoife.
Choix des Etudes par Fleury.
L'Arithmétique réduite à une pratique facile.
436 *Grammaire Françoife par Gayot.*
Introduction à la Langue Françoife.
Elémens de la Grammaire Françoife.
Nouvelle Grammaire réduite en Tables.
Invention pour faire toutes fortes de Comptes.
437 *Grammaire Françoife par Gayot.*
———— par Chiflet.
———— Efpagnole par Sobrino.
L'Art des Lettres de Change par du Puy.
Introduction à la Géographie par Sanfon.
438 *Grammaire Françoife par Gayot.*
Lettres de Loredano Italien-François.
———— de Pierre Richelet.
Comptes-faits par le Monte Regal.
Grammaire de Gefdalle.
439 *Méthode pour étudier la Géographie par Langlet du*
Frefnoy 8. vol. avec fig. Paris 1742.
440 *La Géographie Univerfelle par F. du Val 2. vol.*
avec fig. Lyon 1712.

Dictionnaire du Temps.

L'Idée parfaite du véritable Héros par Della Faille.

441 Quinte-Curce de la Vie & des Actions d'Alexandre le Grand de la traduction de Vaugelas 2. vol. à la Haye 1727.   0   5

Commentaires fur les Epitres d'Ovide par Bachet 2. vol. à la Haye 1716.

442 Mélanges d'Histoire & de Littérature par de Vigneul-Marville 3. vol. Paris 1725.   0   7

443 Histoire Littéraire de la Grande Bretagne 5. vol. Amst. 1717.   0   4

444 Lettres Historiques & Galantes 5. vol. Amst. 1720.   0   6.

445 Diversité curieuse en plusieurs Lettres 7. vol. Amst. 1699.   0   6.

446 Traité de toute sorte de Chasse & de Pêche 2. vol. Amst. 1714.   0   6.

Ménage des Champs & de la Ville. Paris 1732.

447 Vacat.

448 Curiosité de la Nature, ou l'Agriculture & le Jardinage dans leur perfection par l'Abbé de Vallemont 2. vol. avec fig. Bruxelles 1723.   0   9.

Les Ruses innocentes de la Chasse & de la Pêche avec fig. Amst. 1695.

449 Manuel des Champs par Chanvalon Paris 1765.   0   4

Le bon Fermier ou l'Ami des Laboureurs Lille 1767.

Le Jardin de Hollande planté de Fleurs & de Fruits Leide 1714.

450 Les Ruses innocentes de la Chasse & de la Pêche avec fig. Amst. 1695.   0   9.

Curiosité de la Nature par l'Abbé de Vallemont 2. vol. avec fig. Bruxelles 1723.

451 La Connoissance parfaite des Chevaux, contenant la manière de les gouverner & de les conserver en santé avec fig. Paris 1741.   0   18.

L'Art de monter à Cheval par M. Delcamps avec fig. Paris 1691.

452 * La Physique occulte ou traité de la Baguette divinatoire par de Vallemont avec fig.   0   6.

L'Albert moderne ou nouveaux Secrets éprouvés & licites Liége 1769.

Le bon Fermier ou l'Ami des Laboureurs Lille 1767.

De l'Homme & de la Réproduction des différens Individus Paris 1761.

453 Dictionnaire raisonné universel d'Histoire Naturelle par M. Valmont de Bomare 5. vol. Paris 1764.   0   13.

454 *Les Entretiens Phyfiques d'Arifte & d'Eudoxe, ou Phyfique nouvelle en Dialogues par le P. Regnault 4. vol. avec fig. Paris 1732.*

* *Traité de la Baguette divinatoire par de Vallemont avec fig. Paris 1709.*

455 *Entretiens fur les Vies & fur les Ouvrages des plus excellens Peintres anciens & modernes par Felibien 6. vol. Amft. 1706.*

456 *Recueil de Defcriptions de Peintures & d'autres Ouvrages fait pour le Roi Paris 1689.*

Differtation fur les ouvrages de plus fameux Peintres Paris 1683.

L'Art de laver par Gautier.

457 *Traité des Ponts, où il eft parlé de ceux des Romains & de ceux des modernes &c. par Gautier avec fig. Paris 1723.*

—————— *de la Conftruction des Chémins avec fig. Paris 1721.*

458 *Traité de Fortifications par Ozanam avec fig. Paris 1694*

—————— *l'ufage du Compas de Proportion.*

L'Art de jetter les Bombes par Blondel avec fig. Amft. 1690.

459 *Nouvelle maniére de fortifier les Places par Blondel avec fig. Paris 1689.*

L'Ingénieur moderne ou Effai de Fortification par le Baron F. D. R. avec fig. à la Haye 1744.

Mémoires pour l'Attaque & la Défenfe d'une Place par Goulon avec fig.

460 *Les fonctions d'un Capitaine de Cavalerie & d'Infanterie par de Birac avec fig.*

Théatre Naval Hydrographique de Seyxas Paris 1704.

Dictionnaire Militaire Paris 1742.

Calendrier de la Paix pour l'An de Grace 1740.

A Treatife of the Military Difcipline London 1740.

Inftructie van de Fortificatie door Melder.

461 *Elémens de la Guerre des Siéges, ou Traité de l'Artillerie, de l'Attaque & de la Défence des Places par M. le Blond 3 vol. avec fig. Paris 1743.*

462 *Traité de l'Artillerie, qui enfeigne tout ce qui concerne les Poudres, les Canons, Mortiers & Pierriers &c. par M. Bardet de Villeneuve 3. vol. avec fig. à la Haye 1741.*

463 *L'Ecole des Arpenteurs Paris* 1692.
Architecture générale de Vitruve.
Van Meldert van de Fortificatien en Bataillons.
464 Het Konst-Kabinet der Bouw / Schilder /
Beeld-Houw en Graveer-Kunde door Floren-
tyn le Comte 2. deelen Dordrecht 1761.
465 *Grammaire Françoiſe par Guyot.*
Dictionnaire Géographique.
Les Comptes faits par Barrême.
L'Arithmétique familiére.
466 Arithmetica ofte Rekenkonste door H. Cardinael.
Koopmans Rekeningen door A. van Lintz.
Tafelen van Intrest door Stevin.
Wiſſel-handelinge door P. la Court.
Pratyke om te leeren cyfferen door Daven-
trinſem.
467 Wiſſel-ſtijl tot Amsterdam door Phoonsen.
Rekenkonste door H. Cardinael.
Tafelen van Intrest.
Koopmans Rekeningen door A. van Lintz.
468 Wiſſel-ſtijl tot Amsterdam door Phoonsen.
Rekenkonste door H. Cardinael.
Den Koopſteden Handboek
469 Trezor van de Maeten en Gewigten.
Pratyke om te leeren cyfferen door Daven-
trinſem.
Rekenkonste door vanden Broecke.
Wiſſel-handelinge door P. la Court.
470 Anatomia Bartolini cum fig.
Aphoriſmi Boerhave.
Alb. V. Haller de Variolis, Apoplexiâ & Hydrope.
471 Zimmermannus de Morbo nigro.
C. Bauchini Lapidis Bezaaris Orient. & Occid.
Ortus, Natura & Uſus.
472 Bartholini Inſtitûtiones Anatomicæ cum fig.
Vander Stadt de Salubritate Febris.
Alb. V. Haller de Variolis, Apoplexiâ & Hydrope.
Zimmermannus de Morbo nigro.
Rega de Urinis.
Enchiridion Medicum.
473 *Démonſtr. de l'Utilité des Eaux de Spa par le Drou.*
Diſſertations ſur les Eaux de Spa par de Preſſeux.
Traité des Médicamens & la maniére de s'en ſervir
par Tauvri 2. vol. Paris 1719.

C

474 *Aphorifmes d'Hippocrate 2. tom. en un vol.*
Syftéme des Fièvres & des Crifes par Falconet.
Differtations fur les Urines.
Lettre d'un Médecin de Louvain fur les Urines.
Nouveaux Secrets de Digby.
475 *Abrégé de toute la Médecine pratique par J. Allen 3. vol. Paris 1738.*
476 *Tauvry Traité de Médicamens 2. vol.*
Sécrets de Digby.
Effais fur les Maladies contagieufes du Bétail.
477 *Traité de la Maladie Vénérienne par Vercelloni.*
——— *des Maladies Aiguës des Enfans.*
Hidro-Analife des Minérales d'Aix la Chapelle.
Obfervation fur la Saignée du Pied.
La découverte des Fermens dans le Corps Humain.
478 *Traité des Inftrumens de Chirurgie par Garengeot 2. vol. avec fig.*
——— *des Saignées par Silva 2. vol.*
Sécrets de Digby.
479 *Traité des Opérations de Chirurgie par Garengeot 3. vol.*
Effais fur les Maladies du Bétail.
480 Verhandelinge over de genezende krachten van het Teirwater door G. Berkeley.
——— over de Ziekten der Oogen door de Saint Yves.
Venus minzieke Gafthuys.
Behoudeniffe der Gezondheyd.
481 Alle de Werken van l'Anneus Seneka 3. deelen Amfterdam 1658.
Erafmus van de Tonge.
Nederduydfche Overzettinge der XII. Boeken van Virgilius.
482 *Dictionnaire des Proverbes.*
Lettres choifies de Guy Patin.
——— *de Mr. de Voiture.*
——— *de Mr. Fléchier.*
Livre des Aides, Domaines & Finances.
L'Albert moderne Liége 1769.
483 *Les Etudes convénables aux Démoifelles 2. vol. Lille 1759.*
Le Poëte des Enfans, ou Choix des plus belles Fables par l'Abbé Blanchard 2. vol. Liége 1767.
484 *Cours de Lectures, Ouvrage pofthume du D. Dodrige 4. vol. Liége 1768.*

485   * Marcelli Palingenii Zodiacus Vitæ Rotterd. 1722.   0 . 12 . 0
     Fr. Baconi Sermones fideles Amſt. *Elz.*
     Les Epigrammes d'Owen.
     Les Satyres du Sr. Regnier.

486   P. Terentii Comœdiæ ſex poſt optimas Editiones   0 . 3 . 0
     emendatæ à Corn. Schrevelio , cum Verſione
     Gallica 2. vol.

487   Proſodia Smetii.   0 . 5 . 0
     Janua Linguarum Græcò-Latina.
     Palæſtra Eloquentiæ ligatæ 2. vol.
     Dan. Heinſii Poëmata.
     G. Paſore Manuale Græcarum Vocum Novi Teſta-
     menti apud *Elz.*

488   Verhandelinge over de genezende krachten van   0 . 3 . 0
     het Teirwater door G. Berkeley Amſt. 1747.
     Verhandelinge over de Ziekten der Oogen door
     de Saint Yves.

Libri Claſſici , Philoſophici , Medici &c. in quarto.

489   **D**ictionarium Græcò-Latinum.   0 . 4 . 0
     Pub. Terentii Flores ſelectæ.
     A. vander Milii Lingua Belgica.

490   Manfredi noviſſimæ Ephemerides Motuum Cœleſtium   0 . 8 . 0
     è Caſſianis Tabulis 2. vol. Bononiæ 1725.
     Fredri Militaria.

491   *Oudin Dictionnaire Eſpagnol & François.*
     Schat en Woordboek des Aerdryks door J.
     de Gaei de jonge Amſt. 1680.

492   Arithmetica van Wouter Verſtap.   0 . 8 . 0
     Van den Cirkel / daer in geleert word te vinden
     de naeſte proportie des Cirkels-Diameter enz.
     door Ludolf van Ceulen Leyden 1615.
     De Arithmetiſche Fondamenten door J. Seinſz.

493   Parht-Tafelen.   0 . 5 . 0
     Tafelen van Intreſt.
     Arithmetica van Wouter Verſtap.
     Kort bewys om te leeren Boekhouden na de
     maniere van Italien door M. vanden Dycke.

494   Wiskonſtige Oeffeningen door P. Hellingwerf   0 . 7 . 0
     Amſterdam 1718.

C 2

Den Onwissen Wis-Konstenaer J. J. Stampienius ontdekt door J. Wassenaer Leyden 1640.

Wiskonstig ende Gedenmaetig Bewys door J. J. Stampienius 's Gravenhaege 1640.

Lastman Beschrijvinge van de Konst der Stier-Lieden.

495 Mathematische Oeffeningen door F. van Schooten Amsterdam 1660.

A. van Berlicom van de natuerlyke dingen Rotterdam 1656.

Lastman Beschrijvinge van de Konst der Stier-Lieden.

Onderwys van de Globen na de meyninge van Ptolemeus Amst. 1637.

496 Principia Philofophiæ, ofte Beginselen der Wysbegeirte door Renatus des Cartes 4. deelen met prenten Amst. 1690.

497 *Cours d'Architecture qui comprend les Ordres de Vignole par Daviller 2. vol. avec fig. Paris 1696.*

498 *Explication des termes d'Architecture par Daviller Paris 1720.*

Régles des cinq Ordres d'Architecture de Vignole.

499 *Nouveaux Elémens de Mathématiques ou Principes généraux des toutes les Sciences qui ont les grandeurs pour objet par J. Preftet 2. vol. Paris 1689.*

500 *Journal des Observations Phyfiques par Louis Feuillée Paris 1725.*

Nouveaux Elémens de Géométrie Paris 1667.

501 *Mémoires d'Artillerie où il eft traité des Mortiers Pétards, Arquebufes à Croc, Mousquets, Fufils &c. par le Sr. Suriney de Saint Rémy 2. vol. avec fig. Amft. 1702.*

502 *Dictionnaire pratique du bon Ménager de Campagne & de la Ville par L. Liger 2. tom. 1. vol. Paris 1721.*

Maifon Ruftique par C. Etienne Paris 1572.

503 *Œconomie générale de la Campagne ou nouvelle Maifon Ruftique par L. Liger 2. tom. 1. vol. Amft. 1701.*

Pharmacopée Royale Galénique & Chymique par Charas 2. tom. 1. vol. Lyon 1693.

Maifon Ruftique.

504 *Œconomie générale de la Campagne ou nouvelle Maifon Ruftique par L. Liger 2. tom. 1. vol. Amft. 1701.*

305 *Traité des Maladies de Femmes groffes par Mauri-
     ceau 2. vol. Paris 1721.*

506 *Defcription Anatomique des parties de la Femme par
     Palfyn avec fig. Leide 1708.*

     *Obfervations fur la Groffeffe & l'Accouchement des
     Femmes par Mauriceau Paris 1695.*

     Œuvres de J. van Helmont.

507 Heelkonftige Geschillen wegens de Werken van
     G. de Gauliac door Franchin.

     Zend-Brieven over verscheyde verborgenthe-
     den der Nature door A. van Leeuwenhoek
     Delft 1718.

     Ordonnantien op het fait van de Medecynen.

     Cooneel der Ambachten door J. van Nyen-
     borgh.

508 Bellinus de Urinis & Pulfibus Lugd. Batav. 1730.

     A. de Villers Inftitutiones Medicæ Lov. 1736.

     H. Faber de Plantis & Generatione Animalium Pa-
     rif. 1666.

509 F. Deleboe Sylvii Opera Medica Traj. ad Rhenum
     1695.

     G. vanden Boffche Hiftoria Medica.

     J. Bohnii de renunciatione Vulnerum.

     G. Werlhof Obfervationes de Febribus Hannoveræ
     1745.

Libri Claffici, Philofophici, Medici &c. in folio.

510 Virgilii Maronis Opera Lugd. 1517.
     Jofephi Laurentii Amalthea Onomaftica Lugd.
     1664.

510 bis *Les Œuvres de Pierre de Ronfard 2. vol. Paris
         1623.*

511 *Dictionnaire de l'Académie Françoife 2. vol. Paris
     1728.*

511 bis *Dictionnaire de Trévoux François-Latin 5. vol.
         Paris 1721.*

512 *Le Grand Dictionnaire de l'Académie Françoife 4.
     tom. en 2. vol. Amft. 1695.*

513 *Le Grand Dictionnaire Géographique & Critique
     par Brufen la Martinière 10. vol. à la Haye 1726.*

514 *Les Politiques d'Ariftote 1576.*

515 Ariftotelis Opera omnia Græcè & Latinè cum Notis Guill. Duval 4. vol. Parif. 1639.

516 * Hier. Cardani Mediolanenfis Opera omnia 10. vol. Lugd. 1663.

517 *Dictionnaire Univerfel contenant généralement tous les Mots François, & les Termes de toutes les Sciences & des Arts par A. Furetiére 3. vol. à la Haye 1690.*

518 Nic. Nancelii Analogiæ Microcofmi ad Macrocofmon Parif. 1629.

519 Hier. Capivacci Opera omnia Franc. 1603.

520 Ad. Spigelii Opera omnia Anatomica ex recentione Joh. Ant. vander Linden cum fig. Amft. *Blaeu* 1645.

421 Anatomicæ Prælectiones Archangeli Piccolhomini cum fig. Romæ 1586.

Anatomia del Corpo Humano compofta per M. Giovan Valuerde di Hamufco cum fig. Roma 1560.

Pharmacopœa Bruxellenfis 1671.

522 Vivæ Imagines Partium Corporis Humani æreis formis expreffæ Antv. Plant. 1572.

Pharmacopœa Bruxellenfis 1671.

323 *Les Œuvres d'Ambroife Paré avec fig. Paris* 1598.

524 Anatomia ofte levende Beelden van de deelen des Menfchelijken Lichaems Antw. Plant. 1568.

Chirurgijns Inftructie door A. Cagaulti Dordzecht 1621.

525 Guil. Cowper Anatomia Corporum Humanorum, 114. Tabulis, & Index in totum Opus, omnia nunc primùm Latinitate donata curante Guil. Dundafs Scoto, M. D., Lugdini Batavorum 1739. forma Atlantica.

526 *Les Œuvres Mathématiques de Simon Stevin, augmentés par A. Girard Leide chez Elzevir 1634.*

527 *Le même.*

528 *Architecture Militaire ou l'Art de fortifier par le Maréchal de Vauban 2. tom. en 1. vol. avec fig. à la Haye 1741.*

529 Schijnwerkers Winkel / waer in begrepen zijn de principaelfte ftukken der Schijnwerkers-konfte Amsterdam 1651.

530 Konftige Modellen van verfcheyde zilvere Vaten.

531 Versterkte Vestinge door H. Ruse.
Al-ouden en hedendagschen Scheeps-bouw en Bestier door N. Witsen met printen Amst. 1671.
532 Nieuwen grooten Stiermans Zee-spiegel Amst. 1672.
Licht der Zee-vaerd door Willem Jans Zoon Amst. 1620.
533 Nieuwen grooten Zee-spiegel Amst. 1670.
De vierige Kolomme door Jacob Aertsz Colom Amst. 1661.
534 Crezor der Zeevaerd door L. J. Waghenaer Leyden 1592.
Beschryvinge van de Zee-kusten van Juthland.
Veld-bouw ofte Land-winninge Amst. 1622.
535 *Hydrographie contenant la Théorie & la Pratique de toutes les parties de la Navigation par Fournier Paris 1643.*
536 *Le même.*
537 *L'inftruction du Roi en l'Exercice de monter à Cheval par A. de Pluvinel avec fig. Amft. 1668.*
538 *Académie de l'Epée de G. Thibault, où fe démontrent par régles les fécrets du maniment des Armes à Pied & à Cheval avec fig. format d'Atlas Anvers 1628.*
539 *Le même.*
540 J. Bapt. Ferrarii Hefperides five de Malorum aureorum cultura & ufu cum fig. Romæ 1646.
541 Guil. Pifonis Hiftoria Naturalis Brafiliæ cum fig. apud *Elz.* 1648.
542 *Hiftoire entiére des Poiffons par G. Rondelet avec fig. Lyon 1568.*
543 Rumb. Dodoneus Hiftoria Stirpium cum fig. Antv. Plant. 1616.
544 Leonardi Fuffchi de Hiftoria Stirpium Commentarii infignes cum Iconibus plusquàm 500. Bafileæ 1542.
545 Rumb. Dodonei Hiftoria Stirpium cum fig. deéft Titulus.
546 Herbarius ofte Kruydboek van Rumb. Dodoneus/ mangueert den titel en het eynde.
Eenen geschreven Medecyn-boek.
547 Herbarius ofte Kruydboek van Rumb. Dodoneus Antw. Plant. 1644.

557 Vitriarii Inſtitutiones Juris Naturæ & Gentium.
　　Schotani Diſputationes Juridicæ.
　　Julii Pacii Iſagogicorum in Inſtitutiones &c.
558 Henrici Cocceji Juris Publici Prudentia.
　　H. Grotii Inſtitutiones Juris Naturæ & Gentium.
　　L. Benderas de Reviſione.
　　Brunquelli Hiſtoria Juris Romanò-Germanici.
559 *Ordonnance de Louis XIV. pour Mat. Criminelles.*
　　Commentaire ſur la Coûtume de Paris par Ferriére
　　　　2. tom. en un vol. Paris 1679.
　　Traités de la Légitime, de Répréſentation & des
　　　　ſecondes Nôces par G. de la Champagne Paris 1720.
　　Les Chartes du Pays de Haynau.
560 *Inſtitution au Droit François par M. Argon 2. vol.*
　　　　Paris 1730.
　　Inſtitution à la Pratique par Ferriére 2. vol. Paris
　　　　1697.
561 *Commentaire ſur la Coûtume de Paris par Ferriére*
　　　　2. vol. Paris 1688.
　　Eſſais ſur l'idée du parfait Magiſtrat Paris 1701.
　　Les Qualités néceſſaires au Juge Paris 1700.
562 *Talon de l'Autorité des Rois.*
　　* *Traité des Bénéfices de Frà Paolo Sarpi.*
　　Diſſertation ſur le Pécule 2. vol. Paris 1697.
　　Traité de la Régale.
563 *Du Perray Obſervations ſur l'Edit de 1695. concer-*
　　　　nant la Juriſdiction Eccléſiaſtique 2. vol. Paris
　　　　1723.
　　———— *Obſervations ſur le Concordat entre Léon X.*
　　　　& François I. 1722.
　　———— *Queſtions ſur ledit Concordat 2. vol. 1723.*
　　———— *Traité ſur le partage de fruits des Bénéfices*
　　　　1722.
564 *Inſtitution au Droit Eccléſiaſtique par Fleury 2. tom.*
　　　　en un vol. Bruxelles 1722.
　　Hiſtoire du Droit Canonique Paris 1722.
　　Obſervations ſur le Concordat entre Léon X. & Fran-
　　　　çois I. 1722.
　　* *Traité des Bénéfices de Frà Paolo Sarpi.*
565 *Les Œuvres diverſes de Mr. Patru 2. vol. Paris*
　　　　1692.
　　Les Inſtituts de Juſtinian 2. vol. Paris 1680.
566 *Les Œuvres diverſes de Mr. Patru 2. vol. Paris*
　　　　1692.

Recueil des Piéces contenues au Procès de Mr. le Marquis de Gesvres & de Mad. de Masseranni 2. vol. Rotterdam 1714.

567 **Proces Crimineel door van Leeuwen.**
Tractaet de Foro Competenti **door Vromans.**
De vrye Zee-bevaeringe door Pattyn.
Ampt der Notarissen/ drymael.

568 *Traité des Moyens Canoniques pour aquérir & conserver les Bénéfices &c. par du Perray 3. vol. Paris 1726.*

569 *Traité des Moyens Canoniques pour aquérir & conserver les Bénéfices &c. par du Perray 4. vol. Paris 1726.*

570 *Institutions Politiques par Mr. le Baron de Bielefeld 2. vol. Liége 1768.*

Libri Juridici in quarto.

571 Zoëzius ad Instituta.
Loyens de Concilio Brabantiæ.
Huygens Statutum Architutelæ Urbis Bruxellensis.
Decisiones Neostadii.

572 A. Fabri Jurisprudentiæ Papinianeæ Scientia.
Arn. Vinnii Partitiones Juris.
Gudelinus de Jure Feudorum & Pacis.

573 Ab Oosterga Censura Belgica in Pandectas & Codicem 3. vol.
G. Mundus à Rodach de Muneribus & Honoribus.

574 Gab. de Bellis de Feudis, de Jure Sacro &c.
Mynsingerus ad Instituta.
Loyens de Concilio Brabantiæ.

575 Marantæ de Ordine Judiciorum.
Damhouderi Praxis Criminalis.
——————————— Civilis.

576 Wesenbecius in Pandectas & Codicem cum Notis Vinnii Amst. 1665.
Disputatio XLV. de Collatione Capitulationum Cæsarearum post Westphalicam Pacem factarum.

577 Henr. Neuvenhanus de Juribus ac Privilegiis Viduitatis.
Nicol. de Passeribus de Scriptura privata.
Huygens Statutum Architutelæ Urbis Bruxellensis.

578 Hector Felicius de Societate.

Mor. de Divortiis.
Flaminii Chartarii Practica interrogandorum Reorum.
579 Abbas Panormitanus ad Decretales 6. vol. Venetiis 1569.
580 Linctens de Jure Episcopali Franc. 1699.
Böhmeri Jus Parochiale Halæ 1738.
581 Pichler Jus Canonicum Ingolstadii 1729.
Conr. Zahn de Mendaciis.
582 Z. B. van Espen de Recursu ad Principem.
———— de Promulgatione Legum Ecclesiasticarum.
Van de Poll de Exheredatione & Præteritione Amst. 1700.
583 Elementa Juris Gentium.
A. Faber de Erroribus Pragmaticorum pars 3.
Z. B. van Espen de Promulgatione Legum Ecclesiasticarum.
Tabulæ Institut. Imperialium tom 1. & 2. Parisiis 1664.
584 Theod. Mohr de duobus Reis.
P. de Leyden Tractatus Juridicò-Politici Amst. 1701.
Feltman de Cadavere inspiciendo.
585 Gaitte de Usura & Fœnore Parif. 1688.
Damhouderii Praxis Criminalis.
586 Heils Tractatus Criminalis Theoreticò-Practicus Lipsiæ 1738.
587 **Bromans Tractaet** de Foro Competenti **Leyden** 1722.
588 Groenewegen de Legibus Abrogatis Lugd. Bat. 1649.
589 *Plaidoyers & Arrêts d'Anne Robert.*
Œuvres de Gilles le Maistre.
———— de Grimaudet.
590 *Plaidoyers & Harangues de Mr. le Maistre Paris 1688.*
Ordonnances du grand Conseil de Malines 1669.
Bouclier d'Etat & de Justice.
591 *Plaidoyers & Harangues de Mr. le Maistre Paris 1671.*
Stile général des Notaires Apostoliques.
592 *Droit Consulaire ou Jurisprudence des Marchands par J. Toubeau Paris 1682.*
Les Us & Coûtumes de la Mer Rouen 1671.
593 *Edits & Déclarations du Roi sur l'Etablissement de la Jurisdiction des Consuls Paris 1705.*

Libri Juridici in quarto.

594 Ordonnances Criminelles de Louis XIV.
——— Civiles.
——— pour le Commerce.
——— du grand Conseil de Malines 1669.

595 Harangues sur toutes sortes des sujets, avec l'Art de les composer par Vaumorière Paris 1713.

596 Procès Verbal de Conférences tenues par ordre du Roi pour l'Examen des Articles de l'Ordonnance Civile & Criminelle Paris 1740.

597 Traité de Fiéfs suivant les Coûtumes de France par de Ferrière Paris 1680.
Factum de Mr. Foucquet.

598 Harangues sur toutes sortes des sujets avec l'Art de les composer par de Vaumorière Paris 1713.

599 Traité des propres Réels par de Rénusson Paris 1700.
Œuvres de Simon d'Olive Lyon 1654.

600 Observations & Maximes sur les Matières Criminelles par Bruneau Paris 1715.

601 Harangues sur toutes sortes des sujets avec l'Art de les composer par de Vaumorière Paris 1713.

602 Plaidoyers & autres Œuvres de M. Gillet Paris 1696.
603 La nouvelle Pratique Civile, Criminelle & Bénéficiale, ou le nouveau Praticien François par Mr. Lange 2. vol. Paris 1712.

604 Traité de Droits de Patronage par de Ferrière Paris 1686.
Mémoires Historiques sur les Bénéfices Paris 1675.

605 Traité singulier des Régales, ou les Droits du Roi sur les Bénéfices par Pinsson 2. vol. Paris 1688.

606 Institutions Ecclésiastiques & Bénéficiales par Gibert Paris 1720.

607 Traité des Droits de Patronage par de Ferrière Paris 1686.
Etat des Cours Ecclésiastiques par J. de Bordenave.

608 Traité des Matières Bénéficiales par M.*** Avocat en Parlement Paris 1721.

609 Institutions Ecclésiastiques & Bénéficiales par Gibert Paris 1720.

610 Traité Dogmatique & Historique des Edits par Thomassin 3. vol. Paris 1703.

611 Traité singulier des Régales ou les Droits du Roi sur les Bénéfices Ecclésiastiques par Pinsson 2. vol. Paris 1688.
De la Régale par Aubery Paris 1678.

612 *Traité des Criées par Bruneau Paris* 1684.   o 6.
     Questions & Maximes du Droit Grenoble 1702.
     Abrégé de la Jurisprudence Romaine par Colombet
       Paris 1684.
613 *Traité des Matiéres Bénéficiales Paris* 1723.   o 12.
     Recueil de Décisions sur les Matiéres Bénéficiales Pa-
      ris 1708.
614 *Traité des Matiéres Bénéficiales Paris* 1721.   o 6.
     Pratique Civile & Criminelle des Cours Ecclésiasti-
      ques par J. Auboux Paris 1688.
615 *Abrégé de la Jurisprudence Françoise par Mercier*   o 3.
     Paris 1688.
    —————————— *Romaine par Colombet ibid.*
     Bouclier d'Etat & de Justice.   o 3.
616 *Plaidoyers & Harangues de M. le Maistre Paris* 1688.
617 Gaitte de Usura & Fœnore Paris. 1688.   o 6.
     Huygens Statutum Architutelæ Urbis Bruxell.
     Jus Belgarum circà Bullarum Pont. Receptionem.
618 Imago veri Advocati.
     J. A. de Berger Succinta Commentatio de Imperio
      Maris Adriatici &c. Lipsiæ 1723.
     A. Clapmarii de Arcanis Rerum publicarum libri
      sex.
     Huygens Statutum Architutelæ Urbis Bruxell.
     Jus Belgarum circà Bullarum Pont. Receptionem.
619 Keyzerlyke Statuten.   o 2. 3.
     Pratyke Criminele door Damhouder.
     Consultatien en Advysen gegeven by verschey-
      de Rechtsgeleerde in Holland eerste deel.
620 Generael Placcaet op de invoorderinge van de   o 3.
     gemeyne Lands-Middelen over Holland en
     West-Vriesland. 's Gravenhage 1749.
     Keyzerlyke Statuten.
     Wettelyke Regeringe van Holland door H. de
     Groot.
621 Het Consulaet van de Zee. Leyden 1704.   o 2.
     Maniere om te proccderen in den Raed van
     Vlaenderen / geschreven.
     Inleydinge tot de Hollandsche Rechts-geleerd-
     heyd door H. de Groot.
     Ordonnantie van den 20. April 1624. gemaekt
     by Hooge ende Mogende Heeren van den
     Raed in Vlaenderen enz.

Libri Juridici in folio.

622 COrpus Juris Civilis gloſſatum 6. vol. Lugd. 1612.

623 Idem 6. vol. Lugd. 1627.

624 Idem 6. vol. Lugd. 1612.

625 Idem 6. vol. Lugd. 1604.

626 Grivel Deciſiones Senatûs Dolanii.
Conſilia Bened. Silvatici.
Gudelinus de Jure Noviſſimo.

627 Conſilia Surdi 4. tomi in 2. vol. Hain. 1616.

628 Berlichi Concluſiones Practicæ 5. tomi in 2. vol. Lipſiæ 1670.

629 Chriſt. Wildvogelii Conſilia Juridica Jenæ 1727.
Deciſiones Matt. de Afflictis Franc. 1616.

630 J. Deckheri Opera omnia Brux. 1686.

631 Vinc. Fuſarius de Subſtitutionibus.
Zoëſius ad Digeſta Lov. 1645.

632 Boërii Deciſiones Burdegalenſis Franc. 1665.
Arreſta Paponis.

633 * J. Calvini Lexicon Juridicum Col. 1622.
Regulæ Juris tam Civilis quam Canonici Lugd. 1565.

634 Conſilia N. Everhardi Antv. 1643.
Zoëſius ad Digeſta Lov. 1656.

635 Fr. Salgado Labyrintus Creditorum 2. tomi in 1. vol. Antv. 1653.
——— de Protectione Regia 2. tomi 1. vol. Lugd. 1627.

636 Rebuffi Praxis Beneficiorum Lugd. 1609.
Deciſiones Rotæ Romanæ 3. tomi in 1. vol. Lugd. 1604.

637 Surdi Conſilia 4. tomi in 2. vol. Franc. 1629.
——— de Alimentis Genevæ 1645.
——— Deciſiones Franc. 1610.

638 Peregrinus de Fideicommiſſis Franc. 1645.
Surdi Deciſiones Franc. 1610.

639 A. Tiraquelli de utroque Retractu Lugd. 1554.
Schardii Lexicon Juridicum Col. 1616.

640 M. de Afflictis de Feudis Franc. 1629.
Zoëſius ad Digeſta Lov. 1645.

641 Berlichii Concluſiones Practicæ 5. tomi in 1. vol. Arnhemii 1644.

642 Hier. de Cevallos Speculum communium Opinionum contra Communes 5. tomi in 1. vol. Antv. 1623. *0. 13.*

643 Straccha de Mercatura cum Tractatu de Affecuratio-nibus Amft. 1669.

644 Berlichii Conclufiones Practicæ 5. tomi in 1. vol. Arnhemii 1644. *0. 5.*

645 Martini Lipenii Bibliotheca Juridica Franc. 1679. *0. 7.*

646 Deckheri Opera omnia 4. vol. Brux. 1686. *0. 7.*

647 Straccha de Mercatura Col. 1622. *0. 3.*

648 Surdi Decifiones Senatûs Mantuani Lugd. 1612. *0. 6.*

649 Confilia Kinfchotii Brux. 1653.

650 Efcobar de Nobilitate probanda Lugd. 1637. *0. 4.*

651 Peregrinus de Fideicommiffis Franc. 1645.
De Ayora de Partitionibus Bonorum communium Lugd. 1677.

652 Hoepingi de Jure Infignium Noribergæ 1642. *0. 2.*

653 Henr. à Rofenthal de Feudis Franc. 1624. *0. 2.*

654 Berlichii Conclufiones Practicæ 5. tomi in 1. vol. Arnhemii 1644. *0. 6.*

655 Rutgeri Rulant de Commiffariis Franc. 1664. *0. 3.*

656 Hoepingi de Jure Infignium Noribergæ 1642. *0. 2.*

657 Joachimi à Rufdorff Confilia & Negotia Politica Franc. 1725. *0. 3.*

658 Straccha de Mercatura cum Tractatu de Affecura-tionibus Amft. 1669. *0. 10.*

659 Julii Clari Opera omnia Lugd. 1661. *8.*

660 Hartmani Piftoris Quæftiones Juris 4. tomi in 2. vol. Lipfiæ 1621.

661 Rod. Fabri Syftema Juris. *0. 4.*
Turris de Cambiis Franc. 1645.

662 Codex Fabrianus Lugd. 1610.

663 Mynfingerus ad Inftituta Bafileæ 1576. *0. 3.*

664 Perezius ad Codicem Amft. *Elzevir* 1653. *0. 15.*

665 Marquardus de Jure Mercatorum & Commerciorum Franc. 1662.

666 Ahfueri Fritfchi Opufcula varia Juris Publici & Pri-vati Noribergæ 1690. *0. 6.*

667 Wamefii Confilia Civilia 6. tomi 2. vol. *0. 12.*
——————— Canonica 2. tomi in 1. vol.

668 Grivel Decifiones Senatûs Dolani Antv. 1663. *0. 4.*
Decifiones Surdi Franc. 1664.

669 Salgado Labyrintus Creditorum 2. tomi in 1. vol. Antv. 1663. *0. 2.*

670 Codex Fabrianus Lugd. 1661. *0. 5.*

671 Portugal de Donationibus 2. tomi in 1. vol. Lugd. 1691.

672 Joannis de Platea ad Instituta 1475.
Antonellus de Loco Legali Venetiis 1707.

673 Marquardus de Jure Mercatorum & Commerciorum Franc. 1662.

674 Berlichii Conclusiones Practicæ 5. tomi in 1. vol. Arnhemii 1644.

675 Wamesii Consilia Civilia 6. tomi in 3. vol.
——————————— Canonica 2. vol.

676 Straccha de Mercatura cum Tractatu de Assecurationibus Amst. 1669.

677 Las Leyes d'Espagna 2. vol. Madriti 1611.

678 Steph. Gratiani Disceptationes Forenses 6. tomi in 3. vol. Genevæ 1642.

679 Caroli Molinæi ad Consuetudines Parisienses Bernæ 1603.

680 Hulderici ab Eyben de Scripta Privata Argentorati 1708.

681 A. Hermosilla Resolutiones ad Leges Partitas D. Gregorii Lopetii 2. tomi in 1. vol. Coloniæ Allobr. 1726.

682 Pet. & Fr. Pitheorum Observationes ad Codicem & Novellas Justiniani ex Editione Claudii le Pelletier & Fr. Desmarets Paris. è Typogr. Regiâ 1689.

683 Fr. Curtii Consilia 3. tomi in 2. vol. Franc. 1640.

684 Anselmi Opera omnia 4. vol.

685 ——————— ad Edictum Perpetuum.

686 Larrea Decisiones Senatûs Granatensis Lugd. 1658.
——————— Allegationes Fiscales 2. tomi in 1. vol. ibid. 1665.

687 Prosp. Farinacius de Testibus Franc. 1606.
Vulpinii Succus Operum Farinacii.

688 Guazzini Opera Criminalia Antv. 1677.

689 Alphonsus de Guzman de Evictionibus Lugd. 1676.
Christ. de Paz de Tenuta Col. Allobr. 1737.

690 Julii Clari Opera omnia Lugd. 1661.

691 Guazzini Opera Criminalia Antv. 1618.

692 Straccha de Mercatura cum Tractatu de Assecurationibus Amst. 1669.

693 Observationes Crispi de Valduara Antv. 1667.

694 Prosperi Farinacii Opera omnia Criminalia 9. tomi in 8. vol. Franc. 1618
Vulpinii Succus Operum Farinacii.

695 Profperi Farinacii Decifiones Rotæ Romanæ 2. vol.
    Antv. 1620.
    Vulpinii Succus Operum Farinacii.
696 Concilia Kirchovi 2. vol. Franc. 1655. ————
697 Cardinalis de Luca Opera omnia cum Supplemento
    & Indice generali 11. vol. Col. 1688.
698 Auguftini Barbofæ Opera omnia 11. vol. Lugd. 1631.
699 Ant. Mornacius ad Codicem & Pandectas 4. vol.
    Parifiis 1721.
700 Vacat.
701 Anfelmus ad Edictum Perpetuum. ————
702 Salgado Labyrintus Creditorum Antv. 1653.
    Wamezii Concilia Civilia tomi 1. & 2. in 1. vol.
703 Profperi Farinacii Decifiones Rotæ Romanæ 2. tomi
    in 1. vol. Antv. 1620.
704 Bened. Carpzovii Definitiones Forenfes Lipf. 1721.
705 ———————— Definitiones Ecclefiafticæ ibid 1623.
706 ———————— Praxis Rerum Criminalium ibid 1739.
707 ———————— Decifiones Illuftres Saxoniæ ibid 1690.
708 Straccha de Mercatura cum Tractatu de Affecura-
    tionibus Amft 1669.
709 Mevius ad Jus Vifmarienfe Franc. 1681. ————
710 D'Argentré ad Confuetudines Britanniæ Parif. 1614.
711 Mean ad Jus Civile Leodienfium 8. tomi in 4. vol.
    Leodii 1740.
712 Hartmanni Piftoris Quæftiones Juris 4. tomi in 2.
    vol. Lipfiæ 1679.
713 Peregrinus de Fideicommiffis Franc. 1645.
714 Salgado Labyrintus Creditorum 2. tomi in 1. vol.
    Antv. 1653.
715 Zypæi Opera omnia 2. vol. Antv. 1675.
716 Corpus Juris Canonici Gloffatum 3 vol. Parif. 1561.
717 Idem Parif. 1585. ————
718 Pauli Durand Decifiones Sacræ Rotæ Romanæ
    Lugd. 1639.
    Rebuffi Praxis Beneficiorum Lugd. 1579.
719 J. Dartis Opera Canonica.
    Laur. Brancati Epitome Canonum omnium Col.
    1684.
720 Bern. Sannig univerfum Jus Canonicum 2. tomi
    in 1. vol. Pragæ 1692.
721 J Dartis Opera Canonica Parif. 1656. ————
    Z. B. van Efpen Opufcula varia pars 4.
722 Garcias de Beneficiis Col. 1636. ————

50

0 7. 6   723 Aug. Barbofa in Jus Pontificum univerfum 2. vol.
     Lugd. 1669.
     ——————— Tractatus varii ibid 1631.

0 9. 7   724 Julius Caponus de Pactis & Stipulationibus Col.
     Allobr. 1732.

0 7. 1   ——————— Controverfiæ Forenfes ibid.
     ——————— Inftitutiones Canonicæ 2. tomi in
     1. vol. ibid 1734.

      725 Tamburinus de Jure & Privilegiis Abbatum, Præ-
     latorum, Abbatiffarum & Monialium 4. tomi in
     3. vol. Col. 1691.

0 12. 0   726 Corpus Juris Canonici per Regulas naturali ordine
     digeftas per Gibert 3. vol. Col. Allobr. 1735.

0 14. 0   727 P. Leurenii Forum Beneficiale, five Quæftiones &
     Refponfa Canonica 3. tomi in 2. vol. Col. 1735.

0 17. 0   728 M. Frances de Ecclefiis Cathedralibus, earumque
     Privilegiis & Prærogativis Lugd. 1665.
     ——————— Paftorale Regularium ibid 1655.
     ——————— de Competentiis Jurifdict. ibid 1667.

3 2. 0   729 Z. B. van Efpen Jus Ecclefiafticum univerfum 2.
     vol. Lov. 1721.

0 6. 11 730 Corpus Juris Canonici Gloffatum 3. vol. Lugd. 1671.

0 19. 0   731 Fagnanus ad Decretales cum Indice generali 6. tomi
     in 3. vol. Col. 1704.

      732 Pirhing ad Jus Canonicum 4. vol. Dilingæ 1722.

2 0. 0   733 Schmalzgrueber Jus Ecclefiafticum univerfum 7.
     vol. Ingolftadii 1728.

5 2. 0   734 Corpus Juris Canonici per Regulas naturali ordine
     digeftas per Gibert 3. vol. Lugd. 1737.

2 0. 0   *Œuvres d'Efpeiffes 4. tom. en 2. vol. Lyon 1677.*
0 14. 6   735 *——————— de Choppin 5. vol. Paris 1663.*
0 12. 6   736 *——————— de le Bret Paris 1689.*
0 5. 1   737 *——————— de Jean Bacquet Paris 1665.*
0 1. 6   738 *——————— de M. Antoine d'Efpeiffes 4. tom. en 2. vol.*
     739 *Lyon 1685.*

1. 0. 0   740 *Journal du Palais ou Recueil des principales Déci-*
  6. 0   *fions de tous les Parlemens & Cours Souveraines*
     de France 2. vol. Paris 1701.

0 741 *La Bibliothéque Canonique par Bouchel 2. vol. Pa-*
1. 1.   *ris 1689.*

0 3. 1   742 *Recueil d'Arrêts par Des-Maifons Paris 1667.*
     743 *Journal du Palais ou Recueil des principales Déci-*
1. 13. 0   *fions de tous les Parlemens & Cours Souveraines*
     de France 2. vol. Paris 1701.

744 *Coûtume d'Orleans commentée par Mr. Delalande 2.*   0   11   0
     vol. Orleans 1704.

745 *Le Coûtumier de Picardie 2. vol. Paris 1726.*   1.   0   0

746 *Coûtumier général ou Corps des Coûtumes générales*   8   2   0
     & particulières de France avec les Notes de Chau-
     velin, Brodeau & Ricard, par Richebourg 4.
     tomes en 8. vol. Paris 1726.

747 *Traité de la Police, son Etablissement, les Fonctions*   3   12
     & les Prérogatives de ses Magistrats par Mr.
     Delamare 4. vol. Amst. 1729.

748 *Les Loix Ecclésiastiques de France dans leur Ordre*   1   9.   11
     Naturel par Hericourt Paris 1719.

749 *Les Loix Civiles dans leur Ordre Naturel, le Droit*   2   2.
     Public & Legum Delectus par Domat 2. tomes
     en 1. vol. Paris 1745.
     Supplément aux Loix Civiles dans leur Ordre Natu-
     rel par Mr. de Jouy Paris 1755.

750 Annotationes ad Consuetudines Gandenses, manus.
     Keuren/ Statuten en den Weelboek van het   0   1.   2
     Land vanden Pryen/ geschreven.

751 Keuren/ Statuten ende Costumen van het Land
     vanden Pryen/ geschreven.
     Prothocole pour les Sécretaires du grand Conseil, ma-
     nuscrit.
     Modus Procedendi in Consilio Brabantiæ, manus.

752 Extrait uyt de Ordonnantien van Karel den V.   0   12
     volgens de welke de Kamer van den gemee-
     nen Armen van Gend geinstitueert is/ ge-
     schreven.
     Register van Sententien/ geschreven.
     Concessie ende Ordonnantie Caroline/ geschre-
     ven.

753 Een pakjken Advertissementen.   0   7.   0
754 Idem.
755 Idem.   0   3.   7
756 Idem.   0   4.   9
757 Hollandschen Placcaet-boek van het jaer 1580.   0   6.   6
     tot 1645. 2. deelen Amst. 1645
758 Den zelven 2. deelen in een gebonden Amsterdam   0   8.
     1644.
759 Costumen der Stad Brussel. Brussel 1657.   0   2.   2
     Placcaeten en Ordonnantien op het stuk van de
     Lystocht by Elzevier 651.
760 Costumen van Gelderen. Nuremonde 1620.   0   2.   10

761 Coſtumen van Utrecht met aenteekeningen van W. vander Meulen Utrecht 1709.

762 Eerſten en tweeden Placcaet-boek van Vlaenderen.

763 Idem.

764 Idem.

765 Placcaet-boeken van Braband 7. deelen.

766 Idem.

767 Idem.

768 Idem.

769 Idem.

770 Coſtumen van Braband 2. deelen.

Libri Hiſtorici, Heraldici & Genealogici in octavo.

771 Boxhorni Obſervat. in C. Tacitum.
Valerii Andreæ Bibliotheca Belgica.
Fecialus Gallus.
Strada de Bello Belgico 2. vol.

772 Jani Gebhardi Spicilegium in Corn. Nepotem *Elz.*
Miræus de Faſto Belgico & Burgundico.
——— Chronicon Ciſtercienſis Ordinis.
Fidelis Belga.
Strada de Bello Belgico 2. vol.

773 Deſcriptiones variarum Rerum-Publicarum 41. vols apud *Elz.*

774 Hiſtorie van het H. Sacrament van Mirakel met prenten.
Leven van Anna van Schrieck.
Hiſtorie van het oud Teſtament met prenten Antw. 1683.
Den Trezor van d'eerlyke Maegden.

775 De Boekzaele der Heeren door H. Steele.
Het Hof in zyn binnenſte beſchouwd.
Dichtkonſtige Werken door J. van Zoet.
Ongeſtadigheyd der Fortune door Chevreau.
De Engelſche Arcadia derde deel.

776 * Den grooten Hiſtoriſchen Oceaen door de Vries.
Ontdekkinge der Waerheyd eerſte deel.
Intreſt van Holland.
Hollands Opkomſte.
Naedere Unie der vereenigde Nederlanden.

777 * Mahomets Alkoran door du Ryer.　　　　　0　3. 3
    Natuerlyke Historie van het Heel-Al door Ca-
      lonne 3. en 4. deel.
    Weseltje van Sibilien ofte den Angel der Bor-
      zen.

778 Redenvoeringen over de Wetenschappen door　0　8. 1
    B. Lamy.
    Uytspraeke van eenen Redenaer door M. le
      Faucheur.
    De Hoffche Welgemanierdheyd.
    Alle de Werken van Lambertus Vossius.
    Dichtkonstige Werken door J. van Zoet.

779 * Den verleyden ende weg-geboerden Joseph.　0　5. 7
    * Vervolg op Platina van het Leven der Room-
      sche Pauzen.
    Waere Logica door Petrus a Valen.
    Den Kleefschen Lusthof.

780 Clelie Roomsche Historie door M. de Scudery　0　3. 2
    2. 3. 4. en 5. deel.
    De Santandsche Arcadia door Soeteboom.

781 Vermaekelyk Leven van Louwtje van Zeven-　0　7. 1
    huysen.
    Memorien van Edmund Ludlow eerste deel.
    Reysboek door de vereenigde Nederlanden.
    Aenmerkingen over de Danfferyen.
    Schouwburg der Wormen en Rupsen enz.

782 *Journal Encyclopédique par une Société de Gens de*　0　7. 1
    Lettres les Années 1756-1759.

783 *Galérie de Portraits ou Portraits des Hommes Illu-*　0　6. 8
    ftres Paris 1769.
    Voltaire peint par lui-même Lauzanne 1769.
    Lettres d'un Chinois lettré fur l'Education.
    L'Esprit des Monarques Philosophes Amst. 1764.

784 *Galérie des Portraits ou Portraits des Hommes Illu-*　0　4. 4
    ftres Paris 1769.
    Voltaire peint par lui-même Lauzanne 1769.
    Tablettes Géographiques Paris 1725.
    Mémoires touchant le Gouvernement d'Angleterre
      Amst. 1764.

785 *Mémoires touchant le Gouvernement d'Angleterre*　0　6.
      Amst. 1764.
    Voltaire peint par lui-même Lauzanne 1769.
    Galérie de Portraits ou Portraits des Hommes Illu-
      ftres Paris 1769.

Mémoires sur la Négociation de la France & de l'Angleterre Amst. 1761.

o 6. o 786 Voltaire peint par lui-même Lauzanne 1769.

Lettres d'un Chinois sur l'Education.

Galérie de Portraits ou Portraits des Hommes Illustres Paris 1769.

Mémoire sur les Finances & le Commerce de l'Angleterre Leide 1769.

o 6. 9 787 Mémoire sur les Finances & le Commerce de l'Angleterre Leide 1769.

Galérie de Portraits ou Portraits des Hommes Illustres Paris 1769.

Voltaire peint par lui-même Lauzanne 1769.

Le Temps & la Patience Conte Moral 2. vol. Amst. 1768.

o 4. 9 788 Lettres d'un Chinois sur l'Education.

Voltaire peint par lui-même Lauzanne 1769.

Galérie de Portraits ou Portraits des Hommes Illustres Paris 1769.

Les Jeux de la Fortune Amst. 1768.

o 5. o 789 Romans traduits de l'Anglois Amst. 1761.

Voltaire peint par lui-même Lauzanne 1769.

Galérie de Portraits ou Portraits des Hommes Illustres Paris 1769.

L'Eloge de la Fièvre-quarte par M. de Gueudeville.

o 5. o 790 Histoire de Maurice Comte de Saxe 2. vol. Londres 1743.

Voltaire peint par lui-même Lauzanne 1769.

Galérie de Portraits ou Portraits des Hommes Illustres Paris 1769.

o 3. 1 791 Histoire de Pierre d'Aubusson Grand-Maître de Rodes par Bouhours à la Haye 1739.

Voltaire peint par lui-même Lauzanne 1769.

Histoire de l'Empire de Russie 1761.

o 3. 4 792 Voltaire peint par lui-même Lauzanne 1769.

L'Albert moderne ou nouveaux Secrets éprouvés & licites Liège 1769.

Le Siège de Calais Tragédie par M. de Belloy.

Brutus Tragédie par Voltaire.

o 2. 4 793 Les Amans malheureux ou le Comte de Commingue par M. d'Arnaud Paris 1769.

Zambedden Histoire Orientale Amst. 1768.

L'Ami des Filles Paris 1761.

Le Siège de Calais Tragédie par M. de Belloy.

Brutus Tragédie par Voltaire.

794 L'Albert moderne ou nouveaux Sécrets. Liége 1769.   o   4.
      Voltaire peint par lui-même Lauzanne 1769.
      Le Siége de Calais Tragédie par M. de Belloy.
      Brutus Tregédie par Voltaire.

795 Henriette de Wolmar ou la Mére jalouse de sa Fille.   o   2.
      Mémoires de la Comtesse d'Horneville 2. vol. Amst.
         1740.
      Le Siége de Calais Tragédie par M. de Belloy.
      Brutus Tragédie par Voltaire.

796 L'Albert moderne ou nouveaux Sécrets éprouvés &c.   o   5
      Les bons Mots du fameux Bruscambille.
      Le Gage touché seconde journée.
      L'Ecole des Péres & des Méres ou les trois Infortu-
         nées 2. vol. Paris 1767.
      Brutus Tragédie par Voltaire.

797 * Nouveaux Contes à Rire & Aventures de ce temps   o   8.
         avec fig. Cologne 1702.
      Le Siége de Calais Tragédie par M. de Belloy.
      Brutus Tragédie par Voltaire.
      Le Cocq du Village par M. Favart.
      * Le Saint Déniché ou la Banqueroute des Marchands
         de Miracles Comédie.

798 Contes Moraux dans le goût de ceux de Mr. Mar-   o   5
         montel par Mad. Uncy 4. vol. Amst. 1763.

799 Le Roman des Dames par du Verdier 2. vol. Paris   o   3.
         1631.

800 La Dianée 2. vol. 1642.

801 Nouvelles de Michel de Cervantes 2. vol. Amst. 1720.   o   5
      Histoire sécréte de Bourgogne Amst. 1729.
      Le Théophraste moderne.
      Les Amants malheureux ou le Comte de Commingues
         par M. d'Arnaud Paris 1769.

802 La Vie & les Actions héroïques & plaisantes de   o   5
         Charles V. par Raclot 2. vol. avec fig. Bruxelles
         1699.
      Campagne du Maréchal Duc de Noailles en Alle-
         magne l'an 1743. 2. vol. Amst. 1761.

803 Les Femmes Illustres par de Scudery 2. vol. Paris   o   8.
         1661.
      Les nouvelles Œuvres de Scarron.
      Le Véritable Politique.
      L'Amour à la mode.
      Inés de Castro & Don Pédre.

804 Le Mars François ou la Guerre de France par P.   o   6.
         Armacanus l'an 1637.

Histoire de la Condamnation des Templiers par Du-
    puy Paris 1700.
Vie du Cardinal Duc de Richelieu 2. vol. Cologne
    1696.
805 L'Albert moderne ou nouveaux Secrets &c.
La Famille infortunée.
Sorberiana ou bons Mots.
Elite des bons Mots & des Pensées choisies.
Inés de Castro & Don Pédre.
806 Diversités curieuses pour servir de Récréation à l'Es-
    prit 3. vol. Amst. 1696.
* Le Spectateur ou le Socrate moderne 3. vol. Amst.
    1720.
807 Le Mentor moderne ou Discours sur les Mœurs de
    ce Siécle par Steele 3. vol. à la Haye 1723.
Lettres choisies de l'Académie Françoise.
L'Albert moderne ou nouveaux Secrets &c.
808 Bellegarde Réflexions sur la Politesse des Mœurs.
———————————— sur ce qui peut plaire dans le
Commerce du Monde.
———————— Modéle de Conversations.
———————— Lettres Curieuses.
Nouvelles Lettres familiéres par Milleran.
Traité de la Civilité Françoise.
809 Les Comédies de Térence par Mad. D*** 3. vol.
    Amst. 1691.
Les Œuvres de M. de Palaprat 2. vol. Paris 1712.
809 bis Mercure Historique & Politique 21. vol.
810 Comédies de Plaute nouvelle traduction par Mr.
    Gueudeville 10. vol. Leide 1719.
811 Œuvres diverses de Mr. Rousseau 3. vol. Amster-
    dam 1734.
Théatre Italien.
812 Œuvres du Sr. Rousseau 2. vol.
Anti-Rousseau Rotterdam 1712.
Théatre Italien 2. vol. Amst. 1695.
813 Œuvres du Sr. Rousseau 2. vol.
Anti-Rousseau Rotterdam 1712.
Œuvres de Mr. de Benserade 2. vol.
814 Œuvres diverses de Mr. Rousseau 3. vol. Amst. 1734.
Théatre de la Foire recueilli par le Sage & d'Orne-
    val 3. vol. avec fig. & Notes de Musique 1721.
815 Œuvres diverses de Mr. Rousseau 3. vol. Amst. 1734.
Piéces Dramatiques choisies par le même Amst. 1734.

№		£	s	d
816	Comédies de Plaute nouvelle traduction par Mr. Gueudeville 10. vol. Leide 1719.	0	10	6
817	Recueil des Opera 13. vol. à la Haye 1716.	0	7	6
818	Parodies du nouveau Théatre Italien 3. vol. Paris 1731.	0	4	1
819	Œuvres de Mr. Scarron 6. vol. Amſt. 1712. ——	0	10	6
820	Parodies du nouveau Théatre Italien 3. vol. Paris 1731.	0	4	2
821	Œuvres de Molière 4. vol. avec fig. Amſt. 1750.	0	13	6
822	Théatre de Mr. Quinault contenant ſes Tragédies, Comédies & Operas 5. vol. avec fig. Paris 1739.	0	10	0
823	Théatre de T. & P. Corneille 10. vol. avec fig. Paris 1722.	0	17	6
824	Voyages de Thévénot tant en Europe qu'en Aſie & en Afrique 5. vol. avec fig. Paris 1689.	0	12	6
825	—— du Baron de Lahontan dans l'Amérique Septentrionale 2. vol. avec fig. à la Haye 1703. L'utilité des Voyages par Baudelot de Dairval 2. vol. avec fig. Paris 1693.	0	7	8
826	Journal d'un Voyage fait aux Indes Orientales par Mr. du Queſne 3. vol. Rouen 1721. Rélation d'une Voyage fait en 1695., 1696. & 1697. aux Côtes d'Afrique par Mr. de Gennes avec fig. Amſt. 1699.	0	7	0
827	Les Voyages de Jean Struyf 3. vol. avec fig. Lyon 1682.	0	4	4
828	Hiſtoire générale de Voyages ou nouvelle Collection de toutes les rélations de Voyages par Mer & par Terre par A. F. Prévoſt 48. vol. avec fig. manque tom 37. 38. 39. & 40. Paris 1749-1754.	2	19	1
829	Hiſtoire générale de Voyages par A. F. Prévoſt 24. vol. manque tom 2. & 21. Paris 1749.	0	16	0
830	—— de Don Guzman d'Alfarache tom 2. & 3. —— du S. Sacrement de Miracle. Voyages de Colombelle & Volontairette avec fig.	0	4	0
831	Hiſtoire Eccléſiaſtique d'Allemagne, contenant l'Erection, le Progrés, l'Etat ancien & moderne de ſes Archevéchés & Evéchés 2. vol. avec fig. Brux. 1722.	0	6	8
832	—— des Conciles par M. Hermant 4. vol. Rouen 1716.	0	10	6
833	—— de l'Egliſe par M. A. Godeau 6. vol. Paris 1694.	0	10	0
834	—— des Conciles par M. Hermant 4. vol. Rouen 1704.	0	9	2

o 6. 4 835 Hiftoire Eccléfiaftique d'Allemagne 2. vol. avec fig.
Bruxelles 1722.

1. 7. 0 836 *———— du Peuple de Dieu depuis fon Origine jufqu'à la Naiffance du Meffie par le P. J. J. Ber-
ruyer 10. vol. Paris 1742.

o 6. 8 837 ———— Eccléfiaftique d'Allemagne 2. vol. avec fig.
Bruxelles 1722.

o 5. 2 838 ———— de France fous le Régne de Louis XIV. par
Mr. de Larrey 9. vol. Rotterdam 1738. manque
tom I.

o 2. 0 839 ———— de France par Louis le Gendre 3. vol. Paris 1700.

o 1. 0 840 ———— de Hollande par de la Neuville 3. vol.

———— Romaine par Rollin tom 5. 13. & 14. Paris 1741.

o 11. 6 841 ———— de France fous le Régne de Louis XIV. par
Mr. de Larrey 9. vol. Rotterdam 1721.

o 6. 8 842 ———— Eccléfiaftique d'Allemagne 2. vol. avec fig.
Bruxelles 1722.

o 2. 1 843 ———— de l'Eglife Grecque & Arménienne par Ri-
caut Amft. 1710.

———— du Miniftére du Cardinal Ximénez.

———— de l'ancien & du nouveau Teftament par
Lambert.

———— de l'Originifme par Louis Doucin.

o 6. 4 844 ———— de Suéde par le Baron de Puffendorff 3. vol.
Amft. 1732.

o 12. 0 845 ———— de France fous le Régne de Louis XIV. par
Mr. de Larrey 9. vol. Liége 1723.

o 12. 6 846 ———— Univerfelle par Boffuet 3. vol. Amft. 1717.

o 6. 10 847 ———— Eccléfiaftique d'Allemagne 2. vol. avec fig.
Bruxelles 1722.

o 3. 4 848 ———— des Guerres & des Négociations qui précédé-
rent le Traité de Weftphalie par Bougeant 2. vol.
Paris 1727.

Mémoires du Duc de Villars 3. vol. 1734.

2 17. 0 849 Hiftoire Romaine depuis la fondation de Rome jufqu'à la fin de la République par Rollin 16. vol.
Paris 1748.

o 10. 0 850 *La Monarchie univerfelle de Louis XIV. par Léti
2. vol. Amft. 1701.

*Critique Hiftorique, Politique, Morale, Economi-
que & Comique fur les Lotéries par Léti 2. vol.
avec fig. Amft. 1697.

No.		£	s	d
851	Cléopatre 12. vol. Lyon 1657.	0	12	0
852	Histoire de Révolutions de la République Romaine par l'Abbé de Vertot 3. vol. à la Haye 1727.	0	10	6
853	Maimbourg Histoire de la Ligue. ————	0	6	
	* ———— Traité Historique de l'Eglise de Rome.			
	———— de l'Arianisme 3. vol.			
	* ———— du Pontificat de S. Grégoire le Grand.			
	———— de S. Léon le Grand.			
	* ———— du grand Schisme d'Occident.			
	———— de l'Hérésie des Iconoclastes 2. vol.			
854	Les Délices de la France 3. vol. Bruxelles 1721.	0	4	1
855	Nouvelle Description de l'Allemagne 2. vol. Brux.	0	4	6
	Histoire de Révolutions de Pays-Bas.			
856	Description de Paris, Versailles, Marly, Mende, S. Cloud & de Fontainebleau par Brice 3. vol.	0	3	0
	———— de l'Allemagne 2. vol. Bruxelles 1723.			
857	Les Délices de la France 3. vol. Bruxelles 1721.	0	6	
858	Etat présent de l'Espagne par l'Abbé de Vayrac 3. vol. Amst. 1719.	0	4	
859	L'Etat de la France, où l'on voit tous les Princes, Ducs & Pairs &c. 3. vol. Paris 1698.			
860	Mémoires Politiques pour servir à l'Histoire de la Paix de Ryswick par du Mont 4. vol. à la Haye 1699.	0	7	6
861	Recueil Historique d'Actes & Négociations depuis la Paix d'Utrecht jusqu'au second Congrés de Cambray par Rousset 8. vol. à la Haye 1728.			
862	Mémoires de Philippe de Commines avec les Observations & les Preuves par Dénis Godefroy 5. vol. Brux. 1723.	1	4	0
863	Œuvres du Comte d'Hamilton 3. vol. Utrecht 1731.	0	6	
	Manière de bien penser dans les Ouvrages d'Esprit Amst 1709.			
	Le Théophraste moderne.			
	Le Coup d'Etat de Louis XIII. Paris 1631.			
864	Histoire du Calendrier Romain par Blondel à la Haye 1684.	0	10	0
	Essais de Critique sur les Ecrits de Mr. Rollin &c.			
	Histoire de l'Origine de la Royauté Paris 1684.			
	Bibliothèque Historique & Critique des Auteurs de la Congrégation de S. Maur par le Cerf à la Haye 1726.			
865	La Vie du Cardinal de Richelieu 2. vol. Col. 1694.	0	2	6
	Discours sur l'Histoire Universelle par Bossuet.			

866 Observation sur le Livre de l'Esprit des Loix par Crévier Paris 1764.

Les Œuvres de Lucréce avec des remarques par le Baron de Coutures 2. vol. Paris 1692.

867 Histoire de Juifs écrite par Flavius Joseph traduite sur l'Original Grec par Arnauld d'Andilly 5. vol. Paris 1676.

868 Les Imposteurs insignes ou Histoire des plusieurs Hommes du néant de toutes Nations par de Rocoles 2. vol. avec fig. Brux. 1728.

Mémoires de Mr. Artagnan 3. vol. Cologne 1700.

869 Les Œuvres de Don Fr. de Quevedo 2. vol. avec fig.

870 *Jean danse mieux que Pierre ou Histoire du Pére de la Chaise 5. vol. Cologne 1719.

871 *Lettres Juives ou Correspondance Philosophique, Historique & Critique 6. vol. à la Haye 1738.

872 Lettres & Négociations de Mr. Jean de Wit Conseiller Pensionnaire de Hollande 4. vol.

Résolutions importantes pendant le Ministére de Mr. Jean de Wit Amst. 1725.

873 *De Historische en Politique Werken van Nicolaus Machiabel 5. deelen 's Graev. 1703.

874 L'Art Héraldique ou la Maniére d'apprendre le Blason par M. Baron avec fig. Paris 1681.

Le Tableau des Armoiries de France par Moreau Paris 1609.

Les Fastes des Rois de la Maison d'Orléans & de celle de Bourbon Paris 1697.

875 Le Mausolée de la Toison d'Or ou les Tombeaux des Chefs & des Chévaliers du Noble Ordre de la Toison d'Or Amsterdam 1689.

La Toison d'Or ou Recueil des Statuts & Ordonnances de l'Ordre de la Toison d'Or Cologne 1689.

876 La Science de la Noblesse ou la nouvelle Méthode du Blason par Ménestrier avec fig. Paris 1691.

Le Mausolée de la Toison d'Or ou les Tombeaux des Chefs & des Chévaliers du Noble Ordre de la Toison d'Or Amsterdam 1689.

877 La Science de la Noblesse ou la nouvelle Méthode du Blason par Ménestrier avec fig. Paris 1691.

Jeu d'Armoiries des Souverains & des Etats d'Europe par de Brianville avec fig.

878 Sweertii Inscriptiones & Monumenta Brabantiae Antv. 1613.

Septem Tribus Patricæ Lovanienſes cum fig. Lugd.
Batav. 1672.

à Beughem Bibliographia Hiſtorica, Chronol. &
Geographica Amſt. 1675.

Miræus de Faſto Belgico & Burgundico.

379 * *Œuvres diverſes de Mr. de Grécourt 4. vol. Londres.*
Théatre italien.
Suite du Théatre Italien.

880 Leben en Daeden der Hertogen van Braband.
Beſchꝛyvinge van Vranckryk eerſte deel.
Thalia tweede deel.
Den Romeynſchen Adelaer tweede deel.
Batavſchen Romeyn door de Lange.
Den ſchimpigen Volwoꝛm-ſpiegel.
De vꝛye Staetsregeringe geſchetſt in eene Be-
ſchꝛyvinge van Denemerken.

Libri Hiſtorici, Heraldici & Genealogici in quarto.

881 B Alt. Bonifacii Hiſtoriæ Ludicræ Brux. 1656.
B Flor. Mantelii Hiſtoriæ Loſſenſis Lov. 1663.
Joannis Macarii Apiſtopiſtus, quæ eſt Antiquaria de
Gemmis Baſilidianis diſquiſitio cum fig. Antv.
Plant. 1657.

882 J. Revii Hiſtoriæ Urbis Daventrinenſis Lugd. Bat.
1651.
Burgundi Hiſtoria Belgica Antv. 1629.
Valerii Andreæ Bibliotheca Belgica Lov. 1643.

883 Lindani de Teneramunda.
Miræi Bibliotheca Eccleſiaſtica.
Hiſtoria de Rebus Eccleſiæ Ultrajectenſis.

884 Miræi Diplomata Belgica Brux. 1628.
——— Illuſtrium Belgii Scriptorum Antv. 1609.
Imagines Doctorum Virorum Opera P. Gallæi Antv.
1587.

885 Sanderi Bibliotheca Belgica.
——— Rerum Gandavenſium.
A. Havenſi Commentarius de Erectione novorum in
Belgio Epiſcopatuum cum fig. Col. 1609.

886 C. Curtii Virorum Illuſtrium ex Ordine Eremit. D.
Auguſtini Elogia cum fig. Antv. 1636.
Valerii Andreæ Bibliotheca Belgica Lov. 1693.
Eryci Puteani Diva Virgo Aſpricollis.

887 Gomez Elogia Societatis Jesu Antv. 1677.
     Manethonis Apotelesmaticorum Libri sex Curâ J.
       Gronovii Græcè Lugd. Bat. 1698.
     Sluperi Elogia Virorum Belgicorum.

888 Mabillon Museum Italicum 2. vol. cum fig. Lut.
       Parif. 1687.

889 Bibliotheca Chalcographica, five virtute & eruditio-
       ne clarorum Virorum Imagines per Boissardum
       2. vol. Middelb. 1669.

890 Vita Deiparæ Virginis Mariæ inventa & incifa per
       H. Wierx.
     Emblemata Florentii Schoonovii cum fig. *Elz.* 1626.

891 Mythologia Ethica cum fig. Antv. Plant. 1579.
     Othonis Veni Emblemata Amoris. *bis.*
     Emblemata Florentii Schoonovii cum fig. *Elz.*

892 *Histoire de l'Isle de Madagascar par de Flacourt avec*
       fig. Paris 1661.
     Voyage de Stockhove.

893 *Théatre d'Histoire avec fig.*
     Davila Histoire des Guerres Civiles de France Pa-
       ris 1657.

894 *Strada Histoire de la Guerre des Pays-Bas 2. vol.*
       Tournay 1651.
     Voyage de Stockhove.

895 *Histoire Universelle Sacrée & Profane par le Roux*
       2. vol. Bruxelles 1732.

896 *Cronique de Savoye par Maître G. Paradin Lyon*
       1552.
     Histoire Naturelle & Morale de l'Amérique avec
       fig. Rotterdam 1658.

897 *Les Croniques du feu Roi Charles VII. par Maître*
       Alain Chartier, en fon temps Sécrétaire dudit feu
       Roi Charles Paris 1528.

898 *Les Croniques de France dépuis la déviston de Troye*
       jusqu'au Régne du Roi François I. par Frére Ro-
       bert Gaguyn Paris 1516.

899 *Abrégé Chronologique de l'Histoire de France par*
       Mézéray 4. vol. avec fig. Paris 1717.

900 *Historia General de Espana 2. vol.*

901 *Description de l'Univers par Allain Manisson Mal-*
       let 5. vol. avec fig. Paris 1683.

902 *Mémoires Guerriers des Pays-Bas dépuis l'an* 1600.
       1606. *par le Duc de Croy avec fig. Anvers* 1619.
     Mémoires de M. de Mornay 2. vol. 1624.

903 Histoire d'Angleterre dépuis l'Etablissement des Romains dans la Grande Brétagne jusqu'à la mort de Charles I. par Paul de Rapin Thoyras, avec des cartes & figures 10. vol. à la Haye 1724.
Continuation de ladite Histoire 3. vol. à la Haye 1735.

904 Histoire Ecclésiastique & Civile du Duché de Luxembourg & Comté de Chiny par le R. P. Jean Bertholet 8. vol. Luxembourg 1741.

905 Recueil des Traités de Paix, de Trèves, de Neutralité &c. par F. Léonard 6. vol. Paris 1693.

906 Rélation Historique d'une Voyage fait au Mont de Sinaï & à Jéruzalem par A. Morison à Toul. 1704.
Les Vertus Héroïques de Léopold Guill. Archiduc d'Autriche par Avancin Lille 1666.

907 Histoire de S. Grégoire le Grand par D. de Sainte Marthe Rouan 1697.
———— des Héréfies & des Hérétiques Paris 1697.
Esbatement Moral des Animaux avec fig.

908 Histoire de l'Edit de Nantes, contenant les chofes rémarquables, qui se font passées en France avant & après fa Publication, à l'occasion de la diversité des Rèligions, par M. Bénoit 5. vol. Delft 1693.

909 ———— Ecclésiastique des Pays-Bas par Gazet Valenciennes 1614.

910 *———— du Concile de Pife par Lenfant avec fig. Amst. 1724.

911 ———— des Héréfies & des Hérétiques Paris 1697.
* Les Rèligions du Monde par Roff. avec fig. Amst. 1666.

912 Histoire Ecclésiastique par Mr. l'Abbé Fleury 26. vol. Paris 1722-1729.

913 ———— de l'Eglife de Meaux par Touffaints du Pleffis 2. vol. Paris 1731.

914 La Rèligion des Gaulois, tirée des plus pures fources de l'Antiquité avec fig. 2. vol. Paris 1726.

915 Histoire de l'Eglife Gallicane par le P. J. Longueval 6. vol. Paris 1732.

916 ———— Ecclésiastique par Mr. l'Abbé Fleury 34. vol. Paris 1722-1734.

917 Beſchryvinge van 'ſ Graevenhage door G. de Cretſer Amſterdam 1711.

Spiegel van Staet / bevattende de Magt der
Generaliteyt door H. de Hooge met printen
Amst. 1707.

Den Spiegel der Spaensche en Arragonsche
Tyranie.

16. 6 918 Opstand ende Gevolte van de Stad van Gend
van het jaer 1566. tot 1584. / geschreven.

De Kronyke van Braband / geschreven.

———————— van het Orden van den H. Fran-
ciscus / geschreven.

Beschryvinge van het zeven-honderd-jaerig Jubile van den H. Macarius met printen Gend
1767.

4. 3 919 Spiegel van Staet / bevattende de Magt der
Generaliteyt door H. de Hooge met printen
Amst. 1707.

Verhael van de Nederlandsche Vredehandelin-
ge door L. van Aitzema.

Engelands Godsdienst en Vryheyd / hersteld
door den Prins van Oragnien met printen
Amst. 1689.

18 6 919 bis *Recueil de toutes les Troupes qui forment les Ar-
mées Françoises, déssiné & illuminé d'après Natu-
re. Nurenb. 1761.*

2. 3 0 920 Ban ende Edict by forme van Proscriptie / ge-
decreteerd by den Koning van Spagnien te-
gen den Prins van Oragnien.

Apologie ofte Verantwoordinge van den Prins
van Oragnien tegen den gemelden Ban / te
samen gebonden met noch eenige andere Stuk-
ken van dien tyd.

De Duydsche Chronologie door Zegerum Co-
nincxbergen Leyden 1598.

0 5 0 921 Historie van de Republyke van Venetien door
B. Nani Amst. 1685.

Oorlogen van Italien door Guicciardin.

Aenmerkingen van eenen Keyziger over Holland / Duydsland / Italien / Spagnien enz.

0 3 7 922 Historie van het verval des Keyzerryks door
L. Maimburg met printen Amst. 1683.

Aenmerkingen van eenen Keyziger over Holland / Duydsland / Italien / Spagnien enz.

Beschryvinge van het Koningryk Siam

0 12 0 923 Secrete Resolutien van de Heeren Staeten van

𝕳olland en 𝕸eſtvꝛieſland/ genomen ſedert den aenvang der Bedieninge van den Heer Johan de Wit 2. deelen Uytrecht 1717.
Item Resolutien van conſideratie Amſt. 1719.

924 Minne-beelden verandert in Zinne-beelden door J. Cats Rotterdam 1627.
Zinne-ſpel der dꝛy Hoofd-deugden door Heyns.

925 J. Cats Houwelijk.
——— Ouderdom.
——— Spiegel van den ouden en nieuwen tyd.
——— Minne-beelden verandert in Zinne-beel-
den.

926 *Traité Historique des Monnoies de France par M. le Blanc.*

927 *Un Traité de la Noblesse, manuscrit.*
Histoire des Seigneurs d'Engbien par Colins Tournay 1643.
Tabulæ Historico-Genealogicæ.

928 *Traité de la Noblesse par de la Roque Paris 1678.*

929 *Le Théatre de la Noblesse du Brabant Liége 1705.*
Le Trophée d'Armes Héraldiques avec fig. Paris 1672.

Libri Historici, Heraldici & Genealogici in folio.

930 PAuli Æmylii de Rebus Gestis Francorum à Pharamundo I. Rege usque ad Carolum IV. Basileæ 1601.
Dion. Halicarnassei Antiquitatum Rom. libri XI. Genevæ 1592.

931 Chronicon Ottonis Episcopi Frisingensis Basileæ 1569.
* Christ. Helvici Theatrum Historicum & Chronologicum Marpurgi 1638.

932 M. Wernheri Annales Cliviæ-Juliæ-Montiæ Marchiæ, Ravensburgiæ, Arnhemiæ 1638.
Obsidio Bredana.
A. Patricii Mars Gallicus.

933 Ponti Heuteri Rerum Burgundicarum libri VI. Antv. 1684.
Navigatio ac Itinerarium J. H. Linscotani cum fig. Hagæ Comitis 1599.

934 L. J. Pontani Historia Geldrica Amst. 1639.

935 Meyeri Annales Flandriæ Antv. 1561.
936 Haræi Annales Ducum Brabantiæ 3. tomi 2. vol. cum fig. Antv. 1623.
937 Buzelini Gallò-Flandria Sacra & Profana Duaci 1624.
938 Grammaye Antiquitates Belgicæ Brux. 1708.
939 Haræi Annales Ducum Brabantiæ 3. tomi in 2. vol. cum fig. Antv. 1623.
940 F. Sweertii Rerum Belgicarum Annales Chronici & Historici de Bellis, Urbibus, Situ & moribus Gentis 2. tomi in 1. vol. Franc. 1620.
——— Athenæ Belgicæ Antv. 1628.
941 Haræi Annales Ducum Brabantiæ 3. tomi in 2. vol. cum fig. Antv. 1623.
942 Meyeri Annales Flandriæ Antv. 1561.
943 Christyn Jurisprudentia Heroïca de Jure Belgarum circa Nobilitatem 2. tomi in 1. vol. cum fig. & tab. Herald. Brux. 1668.
944 *Guil. Cave Scriptorum Ecclesiasticorum Historia Litteraria Genevæ 1705.
945 Guil. Marlot Historia Metropolis Remensis 2. vol. Insulis 1666.
946 M. Alfordi Annales Ecclesiastici & Civiles Britannorum, Saxonum & Anglorum 4. vol. Leodii 1663.
947 Guil. Cuperi Historia Chronologica Patriarcharum Constantinopol. Antv. 1733.
948 J. le Paige Bibliotheca Ordinis Præmonstratensis Parisiis 1633.
Chronicon Fl. Lucii Dexteri cum Commentar. Bivarii Lugd. 1627.
949 Historia & Antiquitates Universitatis Oxoniensis. Oxonii 1674.
950 Card. Cæsaris Baronii Annales Ecclesiastici 12. tomi in 6. vol. Col. 1609.
Bzovii Continuatio sive Tomus XIII. Annalium.
Spondani Epitome Annalium 2. vol. Parif. 1660.
951 *Roma Sancta sive Benedicti XIII. & Emenentiss. Cardinalium viva Virtutum Imago Augusf. Vindelicorum 1726.
952 *Præstantium aliquot Theologorum, qui Romè Antichristum præcipue oppugnarunt, Effigies. Hagæ Comitum 1602.
Purpura D. Bernardi repræsentans Elogia Col. 1644.

953 Anfelmi Banduri Imperium Orientale five Antiquitates Conftantinopolitanæ 2. vol. cum fig. Parifiis 1711.

954 Cuperi Hiftoria Chronologica Patriarcharum Conftantinopol. Antv. 1733.

955 P. Bonanni Numifmata fummorum Pontificum Templi Vaticani Fabricam indicantia cum fig. Romæ 1696.

956 Novus Thefaurus Antiquitatum Romanarum per Henr. de Sallengre 3. vol. cum figuris æneis Hagæ-Comitum 1726.

957 Bern. Pezii Thefaurus Anecdotorum, feu veterum Monumentorum præcipuè Ecclefiafticorum, ex Germanicis Bibliothecis Collectio 5. vol. Auguft. Vindelic. 1721.

958 Cuperi Hiftoria Chronologica Patriarcharum Conftantinopol. Antv. 1733.

959 Athan. Kircheri Latium Defcriptio cum fig. Amft. 1671.

960 Polybii Megalopolitani Hiftoriarum libri priores quinque N. Perotto interpret. Bafileæ 1538. D. Naucleri Chronica Col. 1544.

961 Adverfariorum Adriani Turbini Bafileæ 1581. Novus Orbis Regionum ac Infularum veteribus incognitarum Bafileæ 1532.

962 Ponti Heuteri Opera Hiftorica omnia Burgundica, Auftriaca, Belgica. Lov. 1644.

963 Æneæ Silvii Hiftoria Rerum Frederici III. Imperatoris cum fig. Argentorati 1585.

964 Buzelini Gallò-Flandria Sacra & Profana Duaci 1625.

965 Ponti Heuteri Opera Hiftorica omnia Lov. 1649.

966 Oliv. Vredii Genealogia Comitum Flandriæ 2. tom. in 1. vol. Brugis 1642.

——— Hiftoria Comitum Flandriæ five Flandria Ethnica ibid. 1650.

——— Sigilla Comitum Flandriæ ibid 1639.

967 Grammaye Antiquitates Belgicæ Brux. 1718. ———

968 Chriftyn Jurisprudentia Heroïca de Jure Belgarum circa Nobilitatem 2. tomi in 1. vol. cum fig. & tab. herald. Brux. 1668.

969 Le Roy Topographia Hiftorica Gallò-Brabantiæ cum fig. Amft. 1692.

970 ——— Caftella & Prætoria Nobilium Brabantiæ cum fig. Antv. 1696.

971 Le Roy Topographia Historica Gallò-Brabantiæ cum fig. Amst. 1692.

972 ——— Notitia Marchionatûs Sacri Romani Imperii cum fig. Amst. 1678.

973 ——— Castella & Prætoria Nobilium Brabantiæ cum fig. Antv. 1696.

974 ——— Topographia Historica Gallò-Brabantiæ cum fig. Amst. 1692.

975 Ant. Sanderi Flandria Illustrata 2. vol. cum fig. Col. ab *Egmont* 1644.

976 Theatrum Civitatum nec non admirandorum Neapolis & Siciliæ Regnorum cum fig. forma Atlantica.

977 *Les Hommes Illustres qui ont paru en France pendant ce Siécle avec leurs Portraits au naturel par Perrault 2. tom. en 1. vol. Paris 1696.*

978 C. à S. Paulo Geographia Sacra cum Notis Lucæ Holstenii Amst. 1704.

979 Ant. Sanderi Flandria Illustrata 3. vol. cum fig. Hagæ-Comitum 1735. desunt figuræ Wasiæ.

980 ——— Flandria Illustrata seu Descriptio Comitatûs Flandriæ 2. vol. cum fig. Col. ab *Egmont* 1641. Chartâ Majori.

981 Card. Bentivollo las Guerras de Flandes desde la muerte del Emperador Carlos V. hasta la Conclusion de la Tregua de doze annos. Amberes 1687.

982 Annales de Flandes por Emanuël Sueyro Anv. 1624.

983 Historia Pontifical y Catholica, por el Doctore Gonçalo de Illescas 4. vol. Barcelona 1606.

984 Las Memorias de Felipe de Comines 2. vol. Amberes 1643.

985 Historia de la Vida y Hechos del Emperador Carlos V. por Prudencio de Sandoval 2. vol. Pampelona 1614.

986 Annales de la Corona de Aragon por Geronimo Curita 6. vol. 1579.

987 Theatro moral de la Vida Humana cum fig. Amberes 1701.

Imprese Nobiliæ ingeniose Principi. Venetia 1578.

988 *Histoire de France par Pierre Matthieu 2. vol. Paris 1631.*

989 *Les Recherches de la France d'Etienne Pasquier. Paris 1643*

990 *Histoire du Maréchal de Guebriant Paris 1656.*

Les Mémoires du Maréchal de Monluc Paris 1596.

991 Les Ambaſſades du Cardinal du Perron Paris 1623. 0. 2.
    Œuvres diverſes dudit Cardinal 1633.

992 Hiſtoire du Miniſtère du Cardinal de Richelieu 0. 2.
    1650.
    Les Ambaſſades du Cardinal du Perron Paris 1623.

993 Les vrais Portraits des Rois de France par H. de 0. 3.
    Coſte avec fig. Paris 1637.

994 Mémoires de l'Hiſtoire du Languedoc par G. de 0. 2.
    Caſtel Toulouſe 1633.

995 ——— pour ſervir à l'Hiſtoire du Dauphiné ſous 0. 2.
    les Dauphins de la Maiſon de la Tour du Pin
    Paris 1711.

996 Hiſtoire de Comtes de Poiĉtou & Ducs de Guyenne 0. 2.
    par Jean Beſly Paris 1647.

997 ——— des Comtes de Toulouſe par G. Caſtel. Toulou- 0. 2.
    ſe 1623.

998 ——— Civile & Conſulaire de la Ville de Lyon 0. 5.
    par C. F. Méneſtrier Lyon 1696.

999 Tableau de l'Hiſtoire des Princes & Principauté 0. 19.
    d'Orange illuſtré de ſes Généalogies & enrichi
    de belles Antiquités avec leurs Tailles douces par
    J. de la Piſe à la Haye 1640.

1000 Hiſtoire de Naples & de Sicile par M. Turpin 0. 3.
    Paris 1630.

1001 ——— Romaine par F. N. Coffeteau Paris 1663. 0. 2.

1002 Ambaſſades des Provinces-Unies vers les Empéreurs 0. 3.
    du Japon avec fig. Amſt. 1680.

1003 Joſeph Juif & Hébreu de l'Antiquité des Juifs 6.
    Paris 1519.
    Flave Végéce Réné du fait de Guerre avec fig. Pa-
    ris 1536.
    Mémoires de M. Gaſpard de Saulx Maréchal de
    Tavannes.

1004 * Hiſtoire du Concile de Trente de P. Soave Polan 0. 6.
    Paris 1665.

1005 Mémoires de l'Hiſtoire de Lyon par Paradin Lyon 0. 4.
    1573.
    Hiſtoire d'Italie par Guicciardin Paris 1568.

1006 Vacat.

1007 Ambaſſades des Provinces Unies vers les Empéreurs 0. 15.
    du Japon avec fig. Amſt. 1680.

1008 Cronique de Flandres avec les Mémoires d'Olivier 1. 1.
    de la Marche par Sauvage 2. tom. en 1. vol.
    Lyon 1562.

0. 7. 0 1009 *Description de tous les Pays-Bas par Guicciardin avec fig. Amst.* 1625.

0. 12. 6 1010 * *La grande Chronique d'Hollande, Zélande & de Pays-Bas par Pétit avec fig. Dordrecht* 1601.

0. 11. 6 1011 *Cronique de Flandre par Sauvage* 2. *tom in* 1. *vol. Lyon* 1562.

1. 1. 0 1012 —————— *avec les Mémoires d'Olivier de la Marche* 2. *tom. en* 1. *vol. Lyon* 1562.

3. 15. 0 1013 *Antiquités de la Gaule Belgique par Wassebourg* 2. *tom. en* 1. *vol. Paris* 1549.

0. 10. 0 1014 *Description de tous les Pays-Bas par Guicciardin avec fig. Anvers* 1582.

0. 13. 0 1015 *Chronique de Flandre par Sauvage* 2. *tom. en* 1. *vol. Lyon* 1562.

1. 2. 0 1016 —————— *avec les Mémoires d'Olivier de la Marche* 2. *tom. en* 1. *vol. Lyon* 1561.

3. 6. 0 1017 *Les Annales des Modérateurs des Gaules par Gille Paris* 1536.

0. 5. 1 1018 *Chroniques du Duché de Brabant, composées par A. Barlande avec fig. Anvers* 1603.

0. 14. 0 1019 *Histoire de la Guerre de Flandre par Strada* 2. *vol. Paris* 1644.

1. 7. 0 1020 *Description Historique de Dunkerque par P. Faulconnier* 2. *tom. en* 1. *vol. avec fig. Bruges* 1730.

0. 3. 11 1021 *Histoire de France par P. Matthieu* 2. *tom. en* 1. *vol. Paris* 1631.

2. 12. 6 1022 Zaeken van Staet en Oorlog in ende ontrent de Vereenigde Nederlanden / beginnende met het jaer 1621. tot ende met 1686. / door Lieuwe van Aitzema 9. deelen 's Graeven-hage 1669-1686.

0. 16. 0 1023 Kronyke van de gansche Weireld door Meerbeeck met printen Antwerpen 1620.

0. 6. 0 1024 *—————— van het Nederland door Em. van Meteren met printen 's Graevenh. 1614.

0. 15. 0 1025 —————— van Zeeland door Smallegange met printen Middelburg 1696.

0. 19. 0 1026 —————— van de gansche Weireld door Meerbeeck met printen Antwerpen 1620.

3. 10. 0 1027 *J. L. Gottfrieds vermeerderde en verbeterde Historische Kronyke met printen 4. deelen Leyden 1702.

0. 6. 0 1028 P. C. Hoofts vervolg der Nederlandsche Historien.

Tooneel der beroemste Hertogen / Princen /
Graeven ende Krygs-Helden door N. de
Clerck met printen Delft 1617.

1029 *Historie der Kerken en Ketteren van het be-
gin van het nieuw Testament tot het jaer
1688. door God. Arnould / verciert met kopere plaeten door Romeyn de Hooghe 2.
deelen Amsterdam 1701.

1030 Dapper Beschryvinge der Eylanden van den
Archipel met printen Amsterdam 1688.

1031 ———————————— van het Ryk van den
Grooten Mogol met printen 1672.

1032 ———————————— van Morea met printen 1688.

1033 Tooneel van China door A. Kircherus met
printen Amsterdam 1668.

1034 Beschryvinge van oud en nieuw Roomen door
Fr. Desseine met schoone printen 3. deelen
in 2. gebonden Amsterdam 1704.

1035 Zaeken van Staet en Oorlog in en ontrent de
Vereenigde Nederlanden / beginnende met
het jaer 1621. tot ende met 1692. door Lieuwe van Aitzema 10. deelen 's Graevenhage
1669-1698.

1036 *Dictionnaire Historique par* L. Moréry 4. *tom. en*
2. *vol. Utrecht* 1692.

1037 *Plutarque des Hommes Illustres* 2. *vol. Paris* 1655.
——————— *Œuvres morales & mélées* 2. *vol. ibid.*

1038 *Les Métamorphoses d'Ovide avec fig. Paris* 1662.
*Journal du Voyage de Chardin en Perse &c. avec
fig. tom. I.*

1039 *Voyages d'Olerius & de Mandeslo en Moscovie,
en Tartarie, en Perse & aux Indes Orientales,
4. tomes en 2. vol. avec quantité de figures.
Leide* 1728.

1040 *Les mêmes.*

1041 *Histoire Ecclésiastique & Civile de la Lorraine avec
les Preuves & des Cartes Géographiques par Calmet* 3. *vol. Nancy* 1728.

1042 *Négociations sécrétes touchant la Paix de Munster
& d'Osnabrug* 4. *vol. à la Haye* 1725.

1043 *L'Antiquité expliquée & réprésentée en Figures
par Dom Bernard de Montfaucon* 15. *vol. avec
le Supplement Paris* 1722.

1044 *Le grand Cabinet Romain ou Recueil d'Antiquités Romaines par M. A. de la Chauße Amst. 1706.*

1045 *Le grand Théatre Historique, contenant l'Histoire Universelle tant Sacrée que Profane, depuis la Création du Monde jusqu'au commencement du 18. Siécle, 5. tomes en 3. vol. avec un grand nombre de figures Leide 1703.*

1046 Pompa Introitus Ferdinandi Austriaci Hispaniarum Infantis &c. in Urbem Antverpiensem cum fig. Rubenii.

1047 Idem.

1048 *L'Entrée Triumphante de Louis XIV. Roi de France & Marie d'Autriche dans la Ville de Paris avec fig. Paris 1662.*

1049 *Rélation de l'Inauguration de S. M. Charles VI. comme Comte de Flandre à Gand avec fig. 1717.*

———————————— *de S. M. Marie Thérése comme Comtesse de Flandre à Gand avec fig. 1744.*

1050 Grooten Stede-boek van Savoyen en Piemont 4. deelen met schoone printen 's Graeven-hage 1725.

1051 Atlas ofte Weireld-beschryvinge/ vertoonende de voornaemste Rijken ende Landen van den geheelen Aerd-bodem door Janssonius 6. deelen Amst. 1666.

1052 J. Janssonii Atlas, sive Theatrum Orbis Terrarum cum Tabulis Geographicis, Coloribus eleganter depictis 5. vol. Amst. 1649.

1053 Atlas ofte verzaemelinge van 155. Land-Kaerten.

1054 Atlas Cœlestis seu Harmonia Macrocosmica apud G. Valk & P. Schenk.

1055 *Atlas Historique ou nouvelle Introduction à l'Histoire, à la Chronologie & à la Géographie ancienne & moderne, réprésentée dans de nouvelles Cartes par Guedeville 7. vol. Amst. 1713.*

1056 *Histoire Métallique de la République de Hollande par Bizot avec fig. Paris 1687.*

———————————— *des XVII. Provinces des Pays-Bas, depuis l'Abdication de Charles V. jusqu'à la Paix de Bade en 1716. par G. van Loon avec quantité de Médailles 5. vol. à la Haye 1732.*

1058 Historie der Nederlandsche Vorsten uyt de

Huyzen van Beyeren / Bourgognen ende Oostenryk verciert met menige Medaillen door F. van Mieris 3. deelen 'sGravenhage 1732.

1059 *Les Seaux des Comtes de Flandre par Olivier de Wree.*   0 — 8

Genealogiæ Comitum Flandriæ pars II. ibid.

1060 Den Nederlandſchen Herauld door de Kouck Amſt. 1645.   0 — 5

1061 J. W. Im-hof Hiſtoria Italiæ & Hiſpaniæ Genealogica cum fig. Nuerenbergæ 1701.   0 — 4

1062 —————— Genealogica Familiæ Regiæ Portugallicæ Amſt. 1708.   0 — 4

1063 *Recueil Héraldique des Bourguemaîtres de la Noble Cité de Liége avec fig. Liége 1720.*   0 — 10

1064 *La Science Héroïque, traitant de la Nobleſſe, de l'Origine des Armes, de leurs Blaſons, &c. par Welſon de la Colombiére, avec grand nombre des figures Paris 1644.*   0 — 16

1065 *La Généalogie des Illuſtres Comtes de Naſſau avec fig. Amſt. 1624.*   0 — 4

1066 *Inventaire de l'Hiſtoire Généalogique de la Nobleſſe de Tourraine avec fig. Paris 1669.*   — 2

1067 *Indice Armorial ou Blaſon des Armoiries par Géliot Paris 1635.*   0 —

1068 *Miroir des Nobles de Hasbaye avec fig. Brux. 1673.*   1 — 9

1069 *Les Nobles dans les Tribunaux par F. de Malte Liége 1608.*   0 — 2

1070 *Miroir des Nobles de Hasbaye avec fig. Brux. 1673.*   1 — 9

1071 *La Science Héroïque avec les Armes & Blaſons de la Nobleſſe par Welſon de la Colombiére Paris 1644.*   0 — 8

1072 *Hiſtoire Généalogique & Chronologique de la Maiſon Royale de France, des Grands Officiers de la Couronne & de la Maiſon du Roi, par le P. Anſelme 2. vol. Paris 1712.*   0 — 16

1073 *Miroir des Nobles de Hasbaye avec fig. Brux. 1673.*   1 — 7

1074 *Hiſtoire de la Maiſon de Chaſtillon-ſur-Marne avec les Généalogies & Armes des Illuſtres Familles de France & des Pays-Bas Paris 1621.*   1 — 8

1075 Genealogia Diplomatica Auguſtæ Gentis Habsburgicæ, operâ & ſtudio Marquardi Hergott Ord. S. Benedicti 3. vol. cum fig. Viennæ Auſtriæ 1737.   5 — 1

Libri in hoc Catalogo contenti publicè vendi possunt, at quoad prohibitos, præsertim Asterisco notatos, serventur Ecclesiæ Canones & Principum nostrorum Edicta.

Datum Gandæ 21. Novembris 1771.

Æ. F. DE GRAVE *L. C.*

Vidi hâc 24. Novembris 1771.

J. F. DIERICX *Lib. Cens. Reg.*

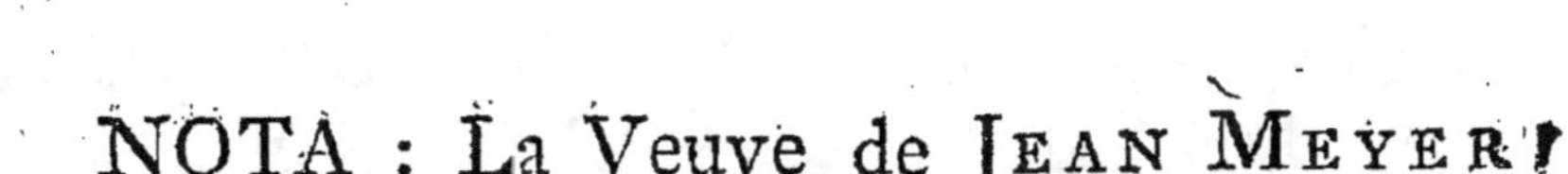

NOTA : La Veuve de JEAN MEYER annonce au Public qu'elle continuera ses affaires comme ci-devant.

CATALOGUE

D'UNE PARTIE DES

LIVRES

En Blanc, dont il y a nombre,

DE FEU

JEAN MEYER,

LIBRAIRE ET IMPRIMEUR JURÉ DE LA VILLE DE GAND,

Dont la Vente se fera à Gand à la Maison Mortuaire le 6. Avril & jours suivans à 9. heures du matin, & à 2. heures de l'après-midi.

Sous la Direction de J. Begyn.

A GAND,

Chez la Veuve de JEAN MEYER, à l'Enseigne de l'Epée Roïale.

CONDITION DE LA VENTE.

On vend tous les Livres pour complets, à cette fin on laiffera aux Acheteurs huit jours après le jour, qu'ils auront été vendus, pour les collationner en cette Ville, ledit temps étant écoulé ; l'Acheteur ne fera plus en droit de prétendre le moindre dommage pour les Livres, qu'ils pourra trouver imparfaits après le temps limité.

CATALOGUE
DES LIVRES.

NOMBRE PREMIER.

L Es Conseils de la Sagesse, ou Recueil des Maximes
    de Salomon 2. vol. Bruxelles 1735. in 8.
2 Bossuet Politique de l'Ecriture Sainte 2. vol. 8.
3 Histoire de la Vie & Miracles de Jesus-Christ par
    Calmet 8.
4 Opuscula Steyart 6. vol. 8.
5 Curiosité de la Nature par Vallemont 2. vol. 8.
6 Les Avantures de Télémaque avec fig. 8.
7 G. Rodenburgius de Jure Conjugum 8.
8 Philosophia Goudin 2. vol. Col. 1723. 8.
9 De Taffelen Sinuum, Tangentium & Secantium 8.
10 Nieberle Calendarium Seraphicum August. Vindel.
    1717. 8.
11 Amaya Opera Juridica Col. 1734. fol.
12 Venin des CI. Propositions par du Jardin 8.
13 Schmalzgrueber Compendium Aug. Vind. 1747. fol.
14 **Dwaelingen der Heydensche Afgoderye door Kem-**
    pher 2. deelen 8.
15 Histoire Profane par Dupin 6. vol. 12.
16 Schmitz Medulla Juris Canonici 3. vol. Col. 1740. 4.
17 Peregrinus in Terram Sanctam 1713. fol.
18 Zerola Praxis Episcopalis 2. vol. Col. 1680. 4.
19 Molina de Jure & Justitia 5. vol. Col. Allobr. 1733.
    fol.
20 Natalis Alexander Theologia 2. vol. Col. 1698. fol.
21 Abrahami Trommii Concordantiæ Græcæ in septua-
    ginta Interpretes 2. vol. Amst. 1718. fol.
22 Galeoti Responsa Fiscalia selectiora Genevæ 1686. fol.
23 Schranger Conciones Col. 1709. 4.

24 Exercitia S. Ignatii cum fig. Antv. 1732. 8.
25 Pauwels de Casibus Reservatis Lov. 1750. 8.
26 Adriani à Mynsicht Thesaurus & Armamentarium Medico-Chymicum 8.
27 Staibanus de Interesse Col. 1722. 4.
28 Missæ Defunctorum Ordinis Præmonstratensis. fol.
29 Justini Historia in 24.
30 Clericati Decisiones Sacrament. 9. vol. August. Vind. 1730. fol.
31 Cajetani Felicis Verani Theologia 8. vol. Monachii 1700. fol.
32 H. Menge flagellum & fustis Dœmonum 8.
33 Wagnereck ad Decretales Dilingæ 1672. fol.
34 Bonus Politicus juxta Rubricas Albertinas 4.
35 Pauly Epitome Itinerarii Filii Dei Antv. 8.
36 J. Leenaerts Annalium ab orbe Condito, usque ad Darium Histaspis Filium Persarum Regem libri septem Amstel. 1746. 4.
37 Ovidii Nasonis Opera 3. vol. in 18.
38 Philippi à S. Trinitate Summa Theologiæ fol.
39 J. Tournely Cursus Theologici Scholastico Dogmatici & Moralis 8. vol. Col. 1752. fol.
40 Theologia Sweerts 2. vol. 8.
41 D. Galesii Tractatus de Restitutionibus in integrum Col. 1689. fol.
42 Catechismus Boudart 2. vol. 8.
43 La Selve Annus Apostolicus 9. vol. Leodii 1727. 8.
44 Tuba Catechetica, id est explicatio Doctrinæ Christianæ à R. P. Ant. Ardia Aug. Vind. 1736. fol.
45 Philippi à S. Jacobo Epitome Bibliothecæ SS. Patrum 2. vol. fol.
46 Gonet Theologia 5. vol. Antv. 1725. fol.
47 Hartung Conciones Philippicæ & Problemata Evangelica 2. vol. 4.
48 Abelly Meditationes 2. vol. 8.
49 Elers Discipuli Sermones 2. vol. Aug. Vind. 1728. 4.
50 Vacat.
51 Pirhing Compendium Decretalium Aug. Vind. 1695. 4.
52 Gasparis Romani ad Instituta 2. vol. August. Vindel. 1732. 4.
53 Illsung Theologia Moralis fol.
54 Zaisperger Tyrocinium Canon. Regularium Frisingæ 1721. 4.
55 Gaitte de Usura & Fœnore Paris. 1688. 4.

56 Voet de Jure Militario 8.
57 Heiſlinger Reſponſa Moralia in Cauſis Sponſalitiis & Matrim. Ingol. 1723. 8.
58 Symbolæ Græcorum Patrum in Matthæum collecte à B. Corderio & P. Poſſino 2. vol. Toloſæ 1646.
59 Grandin Opera Theologica 5. vol. Pariſ. 1710. 4.
60 Abreu Speculum Parochi Aug. Vind. 1737. 4.
61 Chaſtelain affectus amantis Chriſtum 4.
62 Munieſſa ſtimulus Conſcientiæ Dilingæ 1699. 4.
63 S. Dionyſii Areopagitæ Opera Græcò-Latina 2. vol. Antv. Plant. 1634. fol.
64 Matthæucci Cautela Confeſſarii Col. 1729. 4.
65 S. Vincentii Ferrerii Conciones 2. vol. Auguſt. Vind. 1729. fol.
66 Cibochiſius in 7. Pſalmos Pœnitentiales 2. vol. Aug. Vind. 1699. fol.
67 Philippi à S. Trinitate Theologia 5. vol. Lugd. 1664. fol.
68 Cardenas Criſis Theologica Col. 1702. 4.
69 Incognitus in Pſalmos 2. vol. Lugd. 1652. fol.
70 Theologia Moralis P. Brocardo 3. vol. Col. 1739. 8.
71 Gab. Beati Quæſtiones Morales 2. vol. Auguſt. Vind. 1729. 4.
72 Ant. Mayr Theologia Scholaſtica 12. vol. Ingolſtadii 1732. 8.
73 Heiſlinger Reſponſa Moralia 2. vol. Ingolſtadii 1726.
74 Conciones Willemaers 2. vol. 8.
75 Peſantius in D. Thomam Col. 1617. fol.
76 Card. Caſini Opera omnia tom. I Aug. Vind. 1730. fol.
77 J. Falck Mundus Aſpectabilis Aug. Vind. 1738. fol.
78 Voluntarium Imperii Conſortium inter Fredericum Auſtriacum & Ludovicum Bavarum Augg. Franc. 1735. cum fig. fol.
79 L. Bloſii Opera omnia Ingolſtadii 1726. fol.
80 J. F. Schannat Vindemiæ Litterariæ Lipſiæ 1723. fol.
81 Catechiſmus Prædicatus Herlet Trajecti ad Moſam 1736. 8.
82 Chryſogoni Mundus Marianus Aug. Vind. 1712. fol.
83 Deciſiones Gamma fol.
84 Natalis Alexander in Evangelia Traj. ad Moſam 1721. fol.
85 Idem Pariſ. 1703. fol.
86 Pontificale Eccleſiæ Græcæ Pariſ. 1676. fol.
87 Abrah. Muntingii Phytographia Curioſa Lugd. Batav. 1702.

88 Bona de Sacrificio Missæ in 18.
89 Joannis à S. Thoma de Sacramentis in Genere Parif. 1667. fol.
90 Hochkirchen Etica Chriſtiana 2. vol. Trajecti ad Moſam 1751. 4.
91 Amydenius de Stilo Datariæ Col. 1701. fol.
92 Thomaſſin vetus & nova Ecclefiæ Difciplina circà Beneficia & Beneficiarios 3. vol. Lucæ 1728. fol.
93 Mattheucci O..us Dogmaticum Col. 1716. 4.
94 Catalogus Concionatorio-Alphabeticus 8.
95 S. Anfelmi Opera , ex editione Gab. Gerberon Parif. 1721. fol.
96 Le Blanc Hiſtoria Congregationum de Auxiliis Lov. 1700. fol.
97 Ceccoperii Stella Canonicorum Col. 1717. 4.
98 B. Simonis de Caffia Commentaria in IV. Evangelia 2. vol. Ratisb. 1733.
99 Directorium ad Juvandos confolandofque Infirmos. 8.
100 Zetl Confeſſarius Sæcularis & Regularis 2. vol. Monachii 1730. 8.
101 Kamperger Opera Theologica 2. vol. Eſtadii 1716. fol.
102 Joannis à S. Thoma Curfus Theologicus 8. vol. Col. 1711. fol.
103 Leonardellus de Sacramentis Aug. Vind. 1745. 4.
104 Roncaglia Theologia Moralis Aug. Vind. 1736. fol.
105 Geyſſ. Lapis Offenfionis & Petra Scandali Auguſt. Vind. 1706. 4.
106 P. Land. Mayr Controverfia de Revelationibus Agredonis explicata Aug. Vind. 1749. 4.
107 Nicolaerts Praxis Beneficiaria Col. 1733. 4.
108 S. Optatus de Schifmate Donatiſtarum Parif. 1700. fol.
109 Bufenbaum Medulla Theologiæ Moralis in 24.
110 S. Cyrilli Opera. Oxoniæ 1703. fol.
111 Quæſtiones Monaſtico-Theologicæ Lov. 1751. 4.
112 Schiara Theologia Bellica 2. vol. Aug. Vind. 1707. fol.
113 Huber Apparatus folemnis , fublimis & illimis pro filicibus ac publicis Aufpiciis Monachii 1680. 4.
114 Ullon Theologia 6. vol. Aug. Vind. 1719. fol.
115 Schnorrenberg Inſtitutiones Juris Canonici Col. 1729. 4.
116 Anſelmo ad Edictum Perpetuum fol.

117 Scaccias de Appellationibus 4.
118 Roberti Aurifodina Scientiarum Divinarum & Humanarum 3. vol. Col. 1759. fol.
119 Vehenius de Deo. fol.
120 Coppenstein Conciones Col. 1712. 4.
121 Plazza Causa Immaculata Col. 1741. fol.
122 J. Houdry Bibliotheca Concionatoria 5. vol. Venetiis 1756. fol.
123 Majoris Speculum Exemplorum Col. 1718. 4.
124 Theod. à S. Spiritu de Jubilæo Aug. Vind. 1751. 4.
125 Babenstruber Theologia Moralis Aug. Vind. 1708. fol.
126 J. Spencerus de Legibus Hebræorum Ritualibus & earum Rationibus Lipsiæ 1705. 4.
127 Simoncellus de Decretis Col. 1698. 4.
128 Mystica Civitas Dei 3. vol. Aug. Vind. 1719. fol.
129 J. Mansi Bibliotheca Moralis Prædicabilis 4. vol. Antv. 1701. fol.
130 Viva Cursus Theologicus 2. vol. Pragæ 1726. 4.
131 De Velasco de Privilegiis Pauperum & Miserabilium Personarum 2. vol. Col. Allob. 1739. fol.
132 ——————— Index Perfectus ibid 1740. fol.
133 Schambogen ad Instituta Pragæ 1727. 4.
134 Mezger Theologia Scholastica 4. vol. August. Vind. 1695. fol.
135 Sporer Theologia Moralis 12. vol. Salsb. 1724. 8.
136 Theologia Duhamel 7. vol. 8.
137 Martene de Antiquis Ecclesiæ Ritibus 2. vol. Rotomagi 1700. 4.
138 Concilium Tridentinum Paris. 1712. 24.
139 Vasques Opera in D. Thomam 9. vol. Lugd. 1631. fol.
140 Sturmii Physica Electiva sive Hypothetica Norimb. 1697. 4.
141 Rosweydi Vitæ Sanctorum 3. vol. Col. 1741. fol.
142 Dionysii Petavii Opus de Doctrina Temporum 3. vol. Antv. 1703. fol.
143 Granatensis Conciones 2. vol. 4.
144 Spanner Polyanthea Sacra 2. vol. Aug. Vind. 1715. fol.
145 Marzenfeld ad Instituta 4. vol. Col. 1716. 4.
    ——————— ad Jus Publicum 1715. 4.
146 Paz de Tenuta & Interdictione Col. Allob. 1737. fol.
147 Gorranus in Evangelia 4. vol. Lugd. 1692. fol.
148 Origenis Opera omnia studio C. de la Rue è Congregatione S. Mauri 3. vol. Paris. 1733. fol.

149 Fr. Scaccii Sacrorum Elæochrismaton Amst. 1710. fol.

150 Delectus Actorum Ecclesiæ universalis seu nova summa Conciliorum 2. vol. Lugd. 1706. fol.

151 Valentia in D. Thomam 4. vol. Lugd. 1619. fol.

152 Rotgersii Apodicticæ Demonstrationes Lugd. Batav. 1727. 4.

153 Lemnos Historia Congregationum de Auxiliis fol.

154 S. Antonini Archiepiscopi Florentini summa Moralis studio T. Mamachi & D. Remedelli Florentiæ 1741. fol.

155 Houdry Bibliotheca Concionatoria 6. vol. August. Vind. 1764. fol.

156 Galesius de Restitutionibus in integrum fol.

157 D. Didaci Ybannez de Faria additiones ad Covarruviam Col. 1726. fol.

158 Aug. Michel Theologia Canonico-moralis 5. vol. Aug. Vind. 1707. fol.

159 Epistolæ & Evangelia totius Anni Antv. Plant. 1686. fol.

160 Mattheuccii Officialis Curiæ Regularis Franc. 1711. 8.

161 J. B. de Lesanæ Opera Regularia & Moralia 4. vol. Lugd. 1678. fol.

162 Tamayo de Salazar Martyrologium sive Commemoratio omnium Sanctorum Hispanorum 6. vol. Lugd. 1651. fol.

163 Lupii Synodorum Generalium ac Provincialium Decreta & Canones 12. vol. Venetiis 1724. fol.

164 Sickrouwski Theologia Scholastica 4. vol. Norimb. 1720. 4.
———————— Dissertatio Canonico-moralis Bamb. 1732. in 4.

165 Chronicon Balduini Avennensis Brux. 1722. fol.

166 Moretti Tribunal Conscientiæ 4. vol. 8.

167 Berchorii Opera omnia 3. vol. Col. 1730. fol.

168 Theologia Boudart 2. vol. 4.

169 Recenati Conciones 2. vol. fol.

170 Michel Jus & Justitia Juridico-Theologicè explicata 4.

171 Curlii Sermones Sacri 4.

172 Nepveu Considerationes Christianæ 4. vol. Ingolst. 1732. 8.

173 Schrotter Exedra Ecclesiastica in Dominicas & Festa 2. vol. Col. 1728. 4.

174 Fel. de Oliva de Foro Ecclesiæ fol.

175 Contzen in Evangelia 2. vol. Col. 1626. fol.
176 J. F. le Fevre Opera Medica 2. vol. cum fig. Vefunt.
 1737. 4.
177 Cafteel Controverfia Ecclef. Hift. Col. 1734. 4.
178 Theologia la Croix 8. vol. Col. 1733. 8.
179 Van Geftel Hiftoria Sacra & Profana Archiepifcopa-
 tus Mechlinienfis cum fig. Hagæ-Comit. 1725. fol.
180 J. le Blanc in Pfalmos 6. vol. Col. 1726. fol.
181 Veranus ad Jus Canonicum 5. vol. Monachii 1703.
 fol.
182 Joannis da Sylveria Opera omnia 10. vol. Lugd.
 1697. fol.
183 S. Chryfoftomi Opera omnia 12. vol. Græcò-Lat.
 Moguntiæ 1702. fol.
184 Schmitz Theologia Scholaftica 6. vol. Col. 1734. 8.
185 Manuale Paftorum Diœcefis Mechlinienfis 8.
186 Benedicti XIV. de Synodo Diœcefana 2. vol. Ferra-
 riæ 1756. 4.
187 Petrocorenfis Theologia Moralis 3. vol. Parif. 1701.
 12.
188 Neoftadii Decifiones, item Tractatus de Feudis & de
 Pactis 4.
189 Dens Introductio ad Scientiam Theologicam Antv.
 1748. 8.
190 Spiritus Precum 18.
191 Bovin Theologia Scoti 4. vol. 12.
192 Jeunin Inftitutiones Theologicæ 7. vol. 12.
193 Methodus celebrandi Miffam 12.
194 Garan Apparatus Conceptuum Ingolftadii 1731. 4.
195 Danes de Peccato Originali, Legibus & Gratia Lov.
 1738. 8.
196 F. Leon. van Roy Theologia Moralis 5. vol. Antv.
 1707. 12.
197 Schoonaerts Examen Confeffariorum Traj. ad Mofam
 1743. 8.
198 Epiftola Circularis Benedicti XIV. ad Pœnitentiarios
 & Confeff. de Anno S. Magni Jubilæi 1750.
199 Novum Teftamentum 12.
200 Wallii Poëmata 12.
201 Avancini Orationes 3. vol. 12.
202 Electa Animæ Chriftianæ ad falutem Via 12.
203 Deliciæ Animæ 18.
204 *Recueil Héraldique des Bourguemaltres de la Noble
 Cité de Liége avec fig. Liége 1720. fol.*

205 *Les Imposteurs insignes par de Rocoles* 2. *vol. avec fig. Brux.* 1728. 8.

206 *Histoire d'Henry VII. Roi d'Angleterre Bruges* 1724. 8.

207 *Damhouderii Patrocinium Pupillorum* 2. *vol. Brug.* 1730. 8.

208 *Fleury Choix des Etudes* 8.

209 *Méthode pour bien prier Dieu* 12.

210 *Supplement au Corps universel Diplomatique par Barbeyrac* 5. *vol. Amst.* 1739. *fol.*

211 *Bibliothéque Italique* 9. *vol. Généve* 1729. 8.

212 *Exercices du Pénitent* 8.

213 *Sermon pour l'Octave du S. Sacrement par Simon de la Vierge* 8.

214 *Abrégé de l'Histoire Sainte* 12.

215 *Pensées Chrétiennes* 12.

216 *Expositions du Droit des Curés du Hainaut troisiéme partie* 8.

217 *Lettres de S. Augustin* 6. *vol.* 12.

218 *Nouveau Testament par Lallemant* 6 *vol.*

219 *Méditations sur la Concorde de l'Evangile* 3. *vol. Paris* 1730. 12.

220 *La Vie de Guzman d'Alfrache* 3. *vol. avec fig.* 8.

221 *Traité des Droits Honorifiques par Maréchal* 2. *vol.* 4.

222 *Ange Conducteur* 8.

223 *Les Comptes-faits par Barréme* 12.

224 *Danty Traité de la Preuve par Témoins Paris* 1737.

225 *Adresse de l'Ame à son Dieu* 18.

226 *Révolutions des Pays-Bas* 8.

227 *Le Paradis des Anges* 12.

228 *Mémoires de Mr. L. C. D. R. contenant ce qui c'est passé sous le Ministére du Cardinal de Richelieu &c.* 12.

229 *Traité Philosophique & Théologique de l'Amour de Dieu par du Pin* 8.

230 *Introduction aux Vertus Morales* 2. *vol. Bruxelles* 1712. 8.

231 *Les Délices de la France* 3. *vol. Brux.* 1721. 8.

232 *Traité des Instrumens de Chirurgie par Garengeot* 2. *vol. avec fig. à la Haye* 1725. 12.

233 *Thiers de la plus solide Dévotion* 2. *vol.* 12.

234 *Histoire Généalogique de la Maison Royale de France par Anselme* 2. *vol. Paris* 1712. *fol.*

235 *Bibliothéque des Prédicateurs par Houdry* 3. *vol. Lyon* 1715. 4.

236 * *La Cité Miſtique de Dieu par Marie de Jeſus d'A-*
    greda 8. vol. 8.
237 *Brutus Tragédie par Voltaire* 12.
238 *Les Œuvres de Plaute* 10. *vol.* 12.
239 *Journal des Saints* 3. *vol.* 8.
240 *Sermons de Girouſt* 5. *vol. Brux.* 1707. 8.
241 *L'Homme Chrétien & l'Homme Criminel par Sé-*
    nault 2. *vol. Amſt.* 1711. 12.
242 *Les Œuvres de Mont-Fleury* 2. *vol. à la Haye* 1735.
243 *Journal des choſes mémorables advenuës durant le*
    Régne de Henry III. Roi de France 4. *vol. Col.*
    1746. *avec fig.* 8.
244 *L'Imitation de Jeſus-Chriſt par Bellegarde* 12.
245 *Exclamations de S. Théréſe* 12.
246 *Sermons du Pére Bourdalouë* 14. *vol. Paris* 1750. 12.
247 *Theologia Henno* 8. *vol.* 8.
248 *Alzire Tragédie par Voltaire.*
249 *Recueil des Opera* 12. *vol.* 12.
250 *Les Evangiles pour les Dimanches & Fétes* 2. *vol.*
    Paris 1700. 12.
251 *Grammaire de Geersdale François-Fl.* 8.
252 Officium de Sanctiſſimo Corpore Chriſti 8.
253 Abelly Sacerdos Chriſtianus 12.
254 **Regelſ en Beginſelen van het chꝛiſtelijk Leben**
    door Bona 12.
255 **Meditatien door Cubelier** 8.
256 **Geeſtelijk Wapentuyg met pꝛinten** 12.
257 **Rouwzuchtigen Zondaer door Segneri** 12.
258 **Den Grond en Regelen van een chꝛiſtelijk Leben**
    door Courneuꝛ 12.
259 **Boom van Daniël door Caſtelin** 8.
260 **Catechiſmuſ van de H. Chereſſa** 12.
261 **Zondagſche Schole** 8.
262 **Brieben van de H. Chereſſa** 8.
263 **Vermaekelijke Hiſtorien** 8.
264 **Van Larebeke van de zeben laeſte Woorden van**
    Chꝛiſtuſ 8.
265 **Oeffeningen van den H. Ignatiuſ door Bauterſ** 8.
266 **Beſchꝛybinge der Heerlijkheyd en Land van den**
    Prooſſche door Beaucourt met pꝛinten Brug-
    ge 1764. 8.
267 **Geeſtelijke Horlogie door Bona** 12.
268 **Brieben op de noodzaekelijkheyd van het Gee-**
    ſtelijk Vertrek door de Valoiſ 8.

269 Profytige Aenmerkingen op de Heylig-dagen door Harts 4.

270 Gulden Paradys 18.

271 Nieuwe aengestelde Samen-spraeken van Hiob en Simpson 2. deelen 8.

272 Patryn van de bzye Zeevaerd 8.

273 Nieuwe Verhandelinge over de Ziekten der Oogen door de Saint-Yves Leyden 1739. 8.

274 Godvzuchtige Oeffeningen en Gebeden 12.

275 Reglementen gemaekt by Heer ende Weth der Stad Brugge op het fait van de Beurt-schepen vaerende nae Braband fol.

276 Onderwyzingen en Oeffeningen door Danneels 12.

277 Het Leven ende Dood van Chzistus door M. de Swaen Brugge 1767. 8.

278 Jaer-Boeken der Stad Brugge 2. deelen 8.

279 *Mémoires pour servir à l'Histoire de France & de Bourgogne 2. vol. Paris 1729. 4.*

280 *La Sainte Bible 3. vol. Liége 1702. fol.*

281 *La Sainte Bible par Charles le Cêne Amst. 1741. fol.*

282 Innig Gebed 12.

283 Nieuw Gezang der Maegden 8.

284 Oprechte maniere van bidden 12.

285 Korte maniere om Misse te hooren door van Loo 12.

286 Geneesmiddelen door Gorter 4.

287 Ryk-bloeyende Fonteyne der Gebeden 12.

288 * *La Baguette divinatoire avec fig.*

289 Historie van O. L. V. van Lorretten 8.

290 *Pratiques chrétiennes par le P. d'Orléans 12.*

291 Jesus Chzistus in penitentie 12.

292 Spelen op de zeven Hoofd-zonden door Ogier 8. zonder pzinten.

293 Othonis Væni Emblemata Amoris 4.

294 Geestelyke Gezangen 8.

295 Waerheyd van het Katholijk Geloof door de Mahis 8.

296 Getyden van Maria 18.

297 Goeree algemeyne Bouw-kunde 8.

298 ——— Inleydinge tot de algemeyne Teeken-konste 8.

299 Spiegel voor de Geestelyke Dochters 18.

300 G. Brands Poësie vercierd met kopere Plaeten Amst. 1725. 4.

301 Regels der Volmaektheyd door Bottens 8.

302 De waere Kerke van Christus der dry eerste Eeuwen / by overleveringe van den H. Cyprianus door Goethals 12.

303 Sermoenen van Caulerus fol.

304 Tafelen van den Wissel cours 8.

305 Katholyken Pedagoge door vanden Bossche 4.

306 Geestelyke Oeffeningen voor geheel het Jaer 12.

306 bis ———————— van Nepveu 8.

307 *La Réligion des Gaulois* 2. *vol. avec fig. Paris* 1737. *in* 4.

308 *A new Frensch Grammar by Mr. Boyer* 8.

309 Privilegia Academiæ Lovaniensis 4.

310 *Œuvres mêlées de Saint Jory* 2. *vol.* 8.

311 *Le Jardin de Hollande* 8.

312 *Loriot Sermons des Fêtes des Saints* 2. *vol.* 8.

313 *Supplement à l'Histoire des Guerres de Flandre par Strada* 2. *vol.* 8.

314 *Versailles immortalisé ou les Merveilles parlantes de Versailles avec fig. Paris* 1720. *tom second* 4.

315 Frid. Reiffenbergii Historia Societatis Jesu tom. I. Col. 1766. fol.

316 A. Milhet Notitia Scripturæ Sacræ 3. vol. 8.

317 Nederduydsche Overzettinge der twaelf Boeken van Virgilius Maro door Corkelet 8.

318 Een pak met verscheyde Costumen in folio.

319 Het bloedig Lyden van Christus met printen 12.

320 Renati Des-Cartes Opera 9. vol. Amst. 1685. 4.

321 Jeunin Institutiones Theologicæ 3. vol. 8.

322 Corpus Juris Canonici per Regulas naturali ordine Digestas. Authore J. P. Gibert 3. vol. Col. 1735.

323 Valerii Andreæ Bibliotheca Belgica 2. vol. Brux. 1739. cum fig. 4.

324 Vindiciæ Grotianæ 8.

325 Siegm. Janchii Meditationes criticæ de Negationibus.

326 *La Perpétuité de la Foi de l'Eglise Catholique* 3. *vol. Paris* 1704. 4.

327 *Petit Cathéchisme de Montpellier* 8.

328 Regelen voor d'eerste Communie 8.

329 Leg-boekskens 8.

330 Kapelle der Doode door P. Abraham a S. Clara met printen 8.

331 J. Bonefonii Opera omnia 12.

332 *Dissertations sur différens sujets par M. Huet* 2. *vol.* 12.

333 *Tablettes Géographiques* 12.
334 *Traité de Saignées par Silva* 2. *vol.* 12.
335 *La Vie du Cardinal de Richelieu* 2. *vol.* 12.
336 *Histoire des Amours d'Abélard & d'Eloise* 12.
337 *Les Annales de Tacite* 4. *vol.* 12.
338 Den grooten Nederduydschen en Italiaenschen Woorden-boek door Giron 2. vol. Amst. 1710. in 4.
339 Statutum Architutelæ Urbis Bruxellensis 4.
340 Beschryvinge van Morea door Dapper met prin-ten fol.
341 *Crasset sur le Carême* 2. *vol.* 8. *Brux.* 1721.
342 ———— *sur l'Avent* 8.
343 ———— *Méthode d'Oraison* 8.
344 ———— *le Chrétien en Solitude* 8.
345 ———— *Action du Chrétien* 8.
346 ———— *Douce & Sainte Mort* 8.
347 ———— *Dévotion au S. Sacrement de l'Autel* 8.
348 A. Someren de Jure Novercarum 8.
349 Hameda de Recusationibus 4.
350 Voet de Duëllis 8.
351 Prosp. Fagnani Commentaria in quinque libros De-cretalium 5. vol. Col. 1704. fol.
352 *Werken van Machiabel 5. deelen 8.
 *Republique van Machiabel 2. deelen 8.
353 Uytlegginge der christelyke Leeringe door Bos-suet 12.
354 Zoëzius ad Digesta fol.
355 ———— ad Decretales fol.
356 Decisiones Wynants Brux. 1744. fol.
357 Idem, *grand papier*.
358 *Recueil des Arrêts par Pinault* 4. *vol.* 4.
359 Psalterium Cisterciensis Col. 1723. fol. rubro-ni-grum.
360 Blancardi Lexicon Medicum Lugd. Bat. 1735. 8.
361 Christelyken Vader op de Evangelien 4. dee-len 12.
362 Levens der Belyders en Belydsters 6. deelen 12.
363 ———— Moniken en Eremyten 4. deelen 12.
364 Meditatien van Augustinus met het Enchiri-dion Gend 1748. 8.
365 Kronyke van Vlaenderen 3. deelen fol. / man-queert T. in de Beschryvinge van het Graef-schap van Vlaenderen.

366 Tweede deel van de Kronyke van Vlaenderen.
367 Dito groot papier.
368 ———— derde deel.
369 ———— dito groot papier.
370 Decisiones Dechkeri Brux. 1686. fol.
371 *Catéchisme Catholique pour la Jeunesse chrétienne par l'Abbé Beauchet* 12.
372 Werken van de H. Moeder Cheresia 4.
373 Vertroostinge in lyden en tegenspoed door van Hemert 12.
374 Villethierry Plichten der Ryke en der Arme 12.
375 ————————— der Maegden 12.
376 ————————— Croost in lyden en tegenspoed.
377 *Abrégé de la Sainte Bible* 2. vol. 8.
378 *Conduite d'une Dame chrétienne* 12.
379 *Lettres sur divers sujets de Morale* 3. vol. 12.
380 Officium B. M. Virginis Cisterciensis 12.
381 *Cours de Chymie par Léméry Brux.* 1744. 8.
382 Historia Episcopatûs Antverpiensis cùm fig. 4.
383 ———— Episcopatûs Silvæducensis cum fig. 4.
384 *Essais d'Anatomie* 18.
385 *Œuvres de Rousseau* 3. vol. *Rotterdam* 1712. 12.
386 ————————— 4. vol. *Amst.* 1734.
387 Historie ende Zedeleer van het oud en nieuw Testament Gend 1732. 8.
388 *Tillemont Mémoires pour servir à l'Histoire Ecclésiastique* 10. vol. *Brux.* 1732.
     ———— *des Empéreurs* 6. vol. fol.
389 *Histoire Ecclésiastique d'Allemagne* 2. vol. avec fig. 8.
390 Billuart de Deo 3. vol. Leodii 1747.
     ———— de Actibus Humanis 3. vol. ibid.
     ———— de Virtutibus Theologicis 2. vol. ibid.
     ———— de Incarnatione & de Sacramentis 6. vol. ib.
391 Sermoenen van Massemin 10. deelen 8.
392 Oprecht berouw door Jubet.
393 Geestelyk vertrek door Bourdaloue Gend 1741. 8.
394 *Lettres de Louis XII.* 4. vol. *Brux.* 1712. 8.
395 Placcaeten van Braband 3. 4. 5. 6. en 7. deel fol.
396 ———— 5. 6. 7. deel.
397 Geestelyk Wapentuyg 12.
398 Historie van Jan Faustus 12.
399 Weg tot de zaligheyd 12.
400 Bloedigen Bruydegom 18. met printen.
401 Bebloeden Hof van Oliveten 12. met printen.
402 Lyk-Sermoenen door Hennequin 8.

403 Meditatien van Fraats 3. deelen 4.
404 Meditatien van Fraats 4. deelen 4.
405 Zeden der Christene door Fleury 12.
406 Eenvoudig Onderzoek 8.
407 * Geestelyken Ziel-bestierder 12.
408 Spoore der Katholyke tegen Leydekker door du
     Jardin 2. deelen fol.
409 De Meyer Poëmata 8.
410 Enchiridion Medicum ofte Medecyn-boeksken 8.
411 *Histoire générale de l'Auguste Maison d'Autriche par
     Krafft 3. vol. avec fig. Brux. 1744. fol.*
412 Nanning Sermoenen op de Zondagen eerste
     deel 2. vol. 8.
413 ———— op de Feest-dagen 8.

Vidit Æ. F. DE GRAVE *L. C.*

Vidit J. F. DIERICX *Lib. Cenf. Reg.*

NOTA : Naer de Boeken zal men ver-
koopen eene partye groot Schryf-Mediaen
en eenige Riemen Schryfpapier.

Opgeflagene Bloem-letters. N. 2.

Opgeflagene Bloem-letters. N. 3.

Houtene Letters.

ABC

Loode Kapitaelen met wit.

ABCDE

Loode Kapitaelen zonder wit.

ABCDE

Loode Kapitaelen.

ABCDEFG

Dobbel Mediaen Kapitaelen.

A B C D E F G H I K L

Dobbel Defcendiaen Kapitaelen.

A B C D E F G H I K L

Dobbel Garmont Kapitaelen.

A B C D E F G H I K L M

Dobbel Brevier Kapitaelen.

A B C D E F G H I K L M N P Q R S.

Canon Romyn.

Naer de Lief-
de tot God, en
is'er ons niet
zoo noodig als
de liefde tot on-
zen &c.

Dobbel Descendiaen Rom.

Hy trok henen, en gevan-
gen hebbende dry honderd
Voſſen, bond hy die twee en
twee de ſteirten aen een, met
eene fakkel tuſſchen de ſteirten

ABCDEFGHIKLMN
OPQRSTVUWXYZ. AB

Dobbel Deſcendiaen Corſyf.

De Philiſtynen vergaderden een
Leger om Samſon te vangen, en vielen
in het Land van Juda; die van Juda
vraegden: waerom zyt gy tegen ons
opgetrokken.

ABCDEFGHIKLMNO
PQRSTVUWXYZ.

Augustyn Romyn.

De Philistynen vernomen hebbende , dat
Samson binnen hunne Stad was gekomen,
stelden wacht aen de Stads-poorten, om hem
daer in te sluyten. Doch zy hielden zig den
geheelen nacht stil.

ACDEFGHIKLMNOPQRSTVUWXYZAB

Augustyn geschrifte.

Naer dat David zynen Zoon Salomon tot
Koning over Israel had gestelt / liet Hy alle
de Vorsten der Israeliten / de Hoofden der
Stammen / en de Ampbsmannen te samen ko-
men. Hy stond op en zeyde : luystert nae my .
ABCDEFGHIKLMNOPQ

Augustyn Vlaemsch.

Overzulks bidde ik ulieden in de tegen-
woozdigheyd van God die ons aenhoozt / dat
gy zoud doozzoeken alle de Geboden van on-
zen Heer. ABCDEFGHIKLMNOP

Descendiaen Romyn.

Den Koning zeyde voorders tot de geheele Gemeyn-
te: Het heeft God belieft, uyt alle myne zonen mynen
zoon Salomon te verkiezen, eenen teeren jongeling, daer
dit nochtans is een groot werk. Want het en is geen Paleys,
ABCDEFGHIKLMNOPQRSTVUWXYZ

Defcendiaen Corfyf.

Ik hebbe van mynen t'wege uyt alle myne krachten voor het Huys des Heere veirdig gemaekt, het gene tot de onkoften van het Huys van mynen God noodig is; maer zoo daer imand nu ook de genegendheyd heeft, om heden eene vrywillige Offerande aen den Heer te doen. ABCDEFGHIKLMNOP QRSTVUWXYZ

Garmont Romyn.

Aenftonds belofden alle de Overfte van het Volk en alle de Ampt-mannen, hunne giften voor het Huys des Heere op te draegen. Zy gaven goud en zilver, koper, yzer en koftelyke gefteenten. Ook was al het Volk in het geven van alle deze vrywillige giften zeer verheugd. ABCDEFGHIKLMNOPQRSTVWXY

GARMONT CORSYF.

Dewyl Davids fterfdag was naekende, dede hy Salomon zynen zoon tot zig komen, om hem de laefte vermaeninge te geven. Hy zeyde hem: Ziet ik gaen den weg in van alle die op d'aerde woonen. Weeft dan kloek, en draegt u marnelyk. Neemt acht op al het gene uwen Heer uwen God u geboden heeft: wandelt op zyne paden, op dat gy verftandelyk te werk mogt gaen in alles wat gy doet. ABCDEFGHIKLMNOPQRSTVWXYZ.

BREVIER ROMYN.

De magt van Salomon was overgroot. Hy heerfchte niet alleen over de twee Stammen van Ifraël; maer over alle de Landen die zynen Vader veroverd had van aen Egypten tot aen de riviere Euphrates, en alles was in vrede. Ook gaf God aen Salomon eene wysheyd en voorzichtigheyd boven maeten; Als Salomon zyn gebed had voleyndigt, daelde het vier uyt den Hemel. ABCDEFGHIKLMNOPQRSTVU

Dobbel Defcendiaen Vlaemfch.

De Philiftynen quamen alroepende hem te gemoet/ maer den Geeft des Heere is in hem gekomen de banden fprongen van een. ABCDEffGHJKLM

God doorgrond alle de herten / en hy ver-staet alle de gedachten

ABLDE FGHJ.

Descendiaen Lignien.

Een kasken met diversche sorten
van Bloemen.

Eene Druk-persse met Koperen Degel.

Twee dito gedemonteerd.

10 junij 1772 amstle Lau
vaen de elbrddagh

CATALOGUE

DES

LIVRES

DE FEU M. L'ABBÉ

NEEDHAM,

Chanoine de l'Eglise Collégiale & Royale de Soignies, ancien Directeur de l'Académie Impériale & Royale des Sciences & Belles - Lettres de Bruxelles, Membre de la Société Royale de Londres & de plusieurs autres Académies étrangeres.

SUIVI DE PLUSIEURS AUTRES COLLECTIONS.

Dont la Vente se fera en argent de change, chez M. *Méan*, rue ditte *Terarcken*, Mercredi le 12 Mars 1783 & jours suivans à 9 heures du matin & à 2 heures de l'après-midi,

Sous la Direction D'ANT. COLLAER.

A BRUXELLES,

Chez LEMAIRE, Imprimeur-Libraire, rue de la Magdelaine.

Chez qui, de même que chez COLLAER, on trouvera les Catalogues au prix d'une plaquette.

M. D. CC. LXXXII.

AVERTISSEMENT.

On commencera la Vente à la premiere page du Catalogue, numéro 1, & ainsi de suite jusqu'à la fin. On vendra 250 numéros par jour.

Après les Livres on vendra, également en argent de change, une Collection d'Histoire naturelle divisée par lots selon leurs différentes substances; des **Médaillons**, **Médailles**, & **Monnoies** anciennes & modernes, *voyez p.* 110 *& suiv.* comme aussi une quantité de belles Estampes encadrées & sous glaces, parmi lesquelles il y a une collection complete de **Portraits** & de **Paysages** des diverses Nations sauvages découvertes par feu le célèbre Capitaine **Cook**, & d'autres **Estampes**, de même que des **Dessins** à la plume, des **Tableaux**, des **Cartes** géographiques, des **Baromètres** & des **Thermomètres**, deux **Microscopes** en caisses de bois d'Acajou, & plusieurs autres choses.

N. B. Les Acheteurs payeront un sol par florin pour les droits du Fermier.

ERRATA.

Page 19, *num.* 144, A new System, &c. *lisez* 3 vol.

Page 107, *num.* 987, Shakespear, &c. *lis.* 16 vol.

Page 110, *num.* 1014, The annual Register, &c. *lis.* 2 vol.

PREMIER SUPPLÉMENT.

Page 17, *num.* 205, Shakespear, &c. *lis.* 16 vol.

TABLE

DES

ARTICLES BIBLIOGRAPHIQUES

De ce Catalogue.

Fin de la Table.

CATALOGUE
DE
LIVRES.

THEOLOGIE.

In-folio.

1 **B**YBEL *Printen, vertoonende de voornaemste Historien en Afbeeldtsels der Heylige Schrifture. Beneffens de Sinrycke Vaersen, soo in't Latyn Hooghduyts, Fransch, Engels, als mede in't Neer-duyts gestelt, door Anslo. Amst.* 1659.

2 Concordantiæ sacrorum Bibliorum, emendatæ à Francisco Luca. Antv. ex Officina Plantiniana, 1642.

3 J. Step. Menochii, Commentarii totius S. Scripturæ. Lugd. 1751. 2 tom. 1 vol.

4 Flavius Josephus Antiquitatum Judaicarum. Basileæ, 1540.

5 Divinitas Domini nostri Jesu-Christi, manufesta in Scripturis & Traditione. Opera & studio unius ex Monachis Congregationis Sancti Mauri. Parisiis, 1746.

6 Demonstratio Historiæ Ecclesiasticæ quadripartitæ comprobatæ monumentis pertinentibus ad fidem temporum & gestorum. Romæ, 1752. 3 vol. fig.

7 Tractatûs historico-chronologicus de Liturgia Antiqua, Hispanica, Gothica, Isidoriana, Mozarabica, Toletana & Mixta, collegit,

digessit & illustravit J. Pinius. Antv. 1729.

8 Marchionis Hieronimi Belloni, de Commercio Dissertatio. Romæ, 1750. Latin & Italien.

9 The Church History of England, from the year 1500, to the year 1688. Brussels, 1737. 3 vol.

10 A Treatise of three Conversions of England from Paganism to Christian Religion. London, 1688.

SCIENCES ET ARTS.

In-folio.

11 Athanasii Kircheri Arca Noë. Amst. 1675. fig.

12 —— Turris Babel, sive Archontologica. ibid. 1679. fig.

13 —— Ars magna sciendi sive combinatoria. Ibid. 1669. 2 tom. 1 vol. fig.

14 —— Ars magna lucis & umbræ. Amst. 1671. fig.

15 —— Mundus subterraneus. Ibid. 1678. 2 tom. 1 vol. fig.

16 —— Romani Collegii Societatis Jesu Museum celeberrimum. Amst. 1678. fig.

17 —— China illustrata. Antv. 1667. fig.

18 —— Physiologia Kircheriana experimentalis. Amst. 1680. fig. bis.

19 Stanislai de Lubienietski, Historia universalis omnium Cometarum cum Annotationibus. Lugd. Bat. 1681. 2 vol. fig.

20 Recherches fur les Volcans éteints du Vivarais & du Velay ; par M. Faujas de Saint-Fond. Grenoble , 1778. fig.

21 Defcription des Zoolithes nouvellement découvertes des Animaux quadrupedes inconnus & des cavernes qui les renferment, de même que de plufieurs autres Grottes remarquables , qui fe trouvent dans le Margraviat de Bareith au-de-là des Monts, par J. Fred. Efper , trad. de l'Allemand, par Jacques Fred. Ifenflamm , avec quatorze Planches enluminées. Nuremberg , 1774.

22 The natural Hiftory of Norway ; tranflated from the Danish original of the Right Revd. Erich Pontoppidan. London , 1755. 2 tom. 1 vol. fig.

HISTOIRE ET VOYAGES.

In-folio.

23 Bibliothéque Orientale , ou Dictionnaire univerfel , par M. d'Herbelot. Maeftricht, 1776.

24 Bibliothéque Orientale ou Dictionnaire univerfel , par Mrs. C. Vifdelon & A. Galand ; pour fervir de Supplément à celle de M. d'Herbelot. 1780.

25 A View of the Levant ; particularly of Conftantinople, Syria , Egypt, and Greece, in four parts , by Charles Perry. London, 1743. fig.

26 L'État militaire de l'Empire Ottoman, ſes
Progrès & ſa Décadence, par M. le Comte
de Marſigli ; François-Italien. La Haye,
1732. 2 tom. 1 vol. fig.

27 Deſcription Géographique , Hiſtorique ,
Chronologique, Politique & Phyſique de
l'Empire de la Chine & de la Tartarie
Chinoiſe, par le P. J. B. du Halde. Paris,
1735. 4 vol. fig.

28 The Hiſtory of Japan , by Engelbertus
Kæmpfer. London, 1727. 2 vol. fig.

29 The natural and civil Hiſtory of the french
Dominions in North and South America,
illuſtrated by Maps and Plans of the principal Places, and engraved by T. Jefferys.
London. 1760. 2 tom. 1 vol.

30 A Topographical Deſcription of ſuch parts
of North America as are contained in the
(annexed) Map of the middle British Colonies , &c., in North America ; by T.
Pownall. London, 1776.

31 Voyage au Levant, par Corneille le Brun,
Paris, 1714. fig.

32 Voyage de Corneille le Brun , par la
Moſcovie, en Perſe, & aux Indes Orientales. Amſt. 1718. 2 vol. fig.

33 Travels Through différent Cities of Ger-
many, Italy, Greece, and ſeveral Parts
of Aſia, as far as the banks of the Euphrates: in a ſeries of Letters, containing,
an account of what is moſt remarkable
in their preſent ſtate, as well as in their
Monuments of Antiquity, by Alexander
Drummond. London, 1754. fig.

34 Préface, ou Table de comparaison entre Polybe, Tite-Live, S. Simon & Folard.

35 The whole Proceedings in the House of Peers, upon the Impeachment exhibited by the Knights, Citizens, and Burgesses, in Parliament assembled; against Simon Lord Lovat, for high Treason. London, 1747.

GÉOGRAPHIE.

In-folio.

36 Atlas Geographicus major exhibens Tellurem feu Globum Terraqueum in Mappis generalibus & fpecialibus per Joannem Baptiftam Homannum ejufque heredes editis curantibus Homannianis heredibus. Norimbergæ, 1759. contenant 140 cartes enluminées.

37 Un Atlas de différentes Cartes Angloifes & Françoifes, enluminées.

38 L'Atlas des Pays-Bas. Brux. chez Fricx.

LITTÉRATURE.

In-folio.

39 Dictionnaire de la Langue Françoife, ancienne & moderne, de Pierre Richelet. Lyon, 1759. 3 vol.

40 Fables and Stories moralized , being a
second part of the Fables of Æsop , and
other eminent Mythologists , &c. , by
Sir Roger l'Estrange. London , 1699.

41 Fables of Æsop , and other eminent Mythologists : with morals and Reflexions ;
by Sir Roger l'Estrange. London , 1692.

42 The British Apollo , or curious Amuse-
ments for the ingenious. 1708.

THÉOLOGIE.

In-quarto.

43* BIBLIA sacra sive Libri Canonici , priscæ
Judæorum Ecclesiæ à Deo traditi , Latini
recens ex Hebræo facti , brevibusque scho-
liis illustrati ab Immanuele Tremelio &
Francisco Junio. Londini , 1581. 5 tom. 1
vol.

44 Vetus Testamentum ex Versione Septua-
gintæ Interpretum , secundum Exemplar
Vaticanum Romæ editum. Græcè. Aut.
Lamb. Bol. Franequeræ , 1709. 2 vol.

45* Le Nouveau Testament de Notre-Seigneur
Jesus-Christ , traduit en françois sur l'original Grec , avec des notes littérales pour
éclaircir le texte ; par Mrs de Beausobre
& Lenfant. Amst. 1736. 2 vol.

46 Explications de plusieurs Textes difficiles
de l'Ecriture ; par le R. P. Dom *** , Religieux Bénédictin de la Congrégation de
St. Maur. Paris 1730. 2 vol. fig.

47* A Paraphrase and Notes on the Epistles of St. Paul to the Galatians and Ephesians: with Doctrinal and Practical Observations, by the late learned Samuel Chandler. London 1777.

48* Histoire Critique du Vieux Testament, par le R. P. Richard Simon. Rott. 1685.

49 Dissertatio Theologica de Mundi Creatione & Interitu, quam Deo juvante, sub Præsidio D. D. Claparede. Genevæ, 1765.

50 De sacra Poesi Hebræorum, Prælectiones Academicæ Oxonii habitæ à Roberto Lowth. Oxonii 1753.

51 Johannis Nicolai, de Sepulchris Hebræorum. Lugd. Batt. 1706. fig.

52 Collectio Effatorum Divinæ Scripturæ. Opera & studio Ven. in Christo Patris & Dni. Caroli Tutellensis Episcopi. Lut. Parif. 1725. 2 vol.

53 Missale Mixtum secundùm Regulam Beati Isidori dictum Mozarabes; cum præfatione, notis & appendice ab Alexandro Cesleo S. J. Sacerdote ornatum. Romæ, 1755. 2 tom. 1 vol.

54 De SS. Martyrum Cruciatibus Antonii Gallonii Liber, cum figuris Romæ in Ære incisis per Ant. Tempestam. Parif. 1659.

55 Britannia Sancta, or, the Lives of the most celebrated British, English, Scottish, and Irish Saints. London, 1745. 2 tom. 1 vol.

56 Christiani Lupi, Epistolæ & Vita Divi Thomæ Martyris & Archi-Episcopi Cantvariensis. Brux. 1682. 2 vol.

57 Epiftolæ & Vita Divi Thomæ. Brux. 1682.

58 Inftruction Paftorale de Monfeigneur l'E-
véque de Boulogne, fur l'accord de la Foi
& de la Raifon, dans chaque myftere de
la Religion. Boulogne, 1767, 1769, 1772,
73, 76 & 78.
N.B. C'eft tout ce qui en paroît encore.

59 La même Inftruction de l'année 1767, 69
& 76.

60 Delle Cofe Gentilefche e profane tranf-
portate ad Ufo, e ad Ornamento delle
Chiefe. Opera di Giovanni Marangoni.
Ròma, 1744.

61 Dell' Impiego del Danaro Libri tre alla
Santita di noftre Signore Benedetto deci-
moquarto. In Roma, 1746.

62 Ragionamento Sopra il Fatto Avenuto
in Bergemoletto. Torino, 1758. fig.

63 God's Revenge againft Murder, remar-
kably difplay'd in thirty tragical Hifto-
ries, by John Reynolds. London 1753.

CONTROVERSE.

In-quarto.

64 The Religion of Nature delineated. London, 1738.

65*The true intellectual Syftem of the Uni-
verfe, wherein all the Reafon and Philofophy of Atheifm is confuted and its
impoffibility démonftrated, with a Difcourfe concerning the true Notion of the
Lord's

Lord's fupper, and two Sermons ; by Ralph
Cudworth. London , 1743. 2 vol.

66 Errata to the Proteftant Bible : or , the
Truth of their English tranflations exa-
mined ; by Thomas Ward. London , 1737.

67 Nubes Teftium : or , a Collection of the
primitive Fathers , with an Appendix.
London , 1686. —— A Papift mis-reprefen-
ted and reprefented : or , a two fold cha-
racter of Popery. 1685. —— Papifts protef-
ting againft Proteftant - Popery. London ,
1686. Tout dans le même volume.

68 England's Reformation from the Time of
King Henry the VIIIth. to the end of
Oate's Plot , by Thomas Ward. Ham-
bourgh , 1710.

69 Explication de divers Monumens fingu-
liers , qui ont rapport à la Religion des
plus anciens Peuples , par le R. P. Dom***,
de la Congrégation de S. Maur. Paris ,
1739. fig.

70* L'Antiquité dévoilée par fes ufages , par
M. Boulanger. Amft. 1766.

71 L'Incrédulité convaincue par les Prophéties. Paris , 1759.

72 An Effay on Hiftory ; in three Epiftles to
Edward Gibbon , with Notes , by William
Hayley. London , 1780.

73* Le Faux-Arnauld , ou Recueil de tous les
Ecrits publiés contre la Fourberie de Douay,
avec le Libelle diffamatoire du Faux-Arnauld , & tout ce que l'on a pu recouvrer
de fes Lettres. 1693.

B

SCIENCES ET ARTS.

In-quarto.

74* Encyclopédie, ou Dictionaire universel raifonné des Connoiffances Humaines, mis en ordre par M. de Félice. Yverdon, 1770. 42 vol. — Supplément audit Ouvrage, par le même. *ibid.* 1775, 6 vol. & 10 vol. des Planches, faifant enfemble 58 vol.

75 The Philofophical tranfactions and collections, to the end of the year 1700, abridged, and difpofed under general Heads, by John Lowthorp. London, 1716. 3 vol. fig. — Idem from the year 1700 to the year 1720. by Henry Jones. Ibid. 1721. 2 vol. fig. —— Idem from the year 1719. to the year 1733. by John Eames and John Martin. Ibid. 1734. 3 vol. fig. —— Idem from the year 1743. to the year 1752. by John Martin. Ibid. 1756. 3 vol. fig. Enfemble 11 vol. fig.

76 Philofophical Tranfactions, giving fome account of the prefent Undertakings, ftudies, and Labours, of the Ingenions, in many confiderable Parts of the World, from the year 1755. to the year 1781. London, 1756. —— 1781. 26 vol. reliés, & 5 brochés; enfemble 31 vol. fig.

77 The Philofophical Tranfactions (for the year 1732) abridged: being à Supplement to M. Reid's and M. Gray's Abridgment. London, 1747. fig.

78 A Review of the works of the Royal Society of London; containing Animadver-
fions on fuch of the Papers as deferve
particular Obfervation ; by John Hill.
London, 1751.

79 Diplomata & Statuta Regalis Societatis
Londini pro fcientia naturali promovendâ.
1776. —— The Statutes of the Royal
Society of London : made in the year 1776.
—— A Difcourfe upon fome late Improve-
ments of the Means for preferving the
Health of Mariners; by fir John Pringle.
London, 1776; & autres pieces en An-
glois de la Société de Londres; tout dans
le même volume.

80 A Difcourfe on the Torpedo, delivered
at the anniverfary Meeting of the Royal
Society; by Sir J. Pringle. London, 1775.

81 A Difcourfe on the Theory of Gunnery,
delivered at the Anniverfary Meeting of
the Royal Society; by Sir J. Pringle. London, 1778.

82 Collection Académique, concernant l'Hiftoire Naturelle & la Botanique, la Phyfique expérimentale & la Chymie, la Médecine & l'Anatomie. Paris, 1755, 1779.
18 vol. fig.

83 Hiftoire des Ouvrages de l'Académie
Royale des Infcriptions & Belles-Lettres;
tome 21.

84 Acta Helvetica, Phyfico - Mathematico-
Botanico-Medica. Bafileæ, 1751, 1762.
6 tom. 4 vol. fig.

85 Mêlanges de Philofophie & de Mathéma-

tique de la Société Royale de Turin. 1759,
1769. 4 vol. fig.

86 Observations sur la Physique, sur l'Histoire
Naturelle & sur les Arts & Métiers : dé-
diées à Mgr. le Comte d'Artois, par M.
l'Abbé Rozier. Paris, 1773, 1781. 19
vol. fig.

87 Introduction aux Observations sur la Physique, sur l'Histoire Naturelle & sur les
Arts, par le même. Paris, 1777. 2 vol. fig.

88 Mémoires de l'Académic Impériale &
Royale des Sciences & Belles-Lettres de
Bruxelles. 1777, 1780. 3 vol. fig. veau
doré sur tr. & pl.

89 Mémoires sur les Questions proposées par
l'Académie Impériale & Royale des Sciences & Belles-Lettres de Bruxelles, qui ont
remportés les Prix en 1769, 70, 71, 74,
76, 77 & 1779. 4 vol.

90 Observations upon the Generation, Com-
position, and Decomposition of animal
and vegetable substances, by M. Needham. London, 1749. fig.

91 Observations sur l'Histoire Naturelle de la
Fourmi, par M. Needham. 1776 ; & sur
la Nature & l'Économie des Mouches à
miel, par le même. 1777. bis.

92 Mémoire sur la Maladie contagieuse des
Bêtes à cornes, par le même. Brux. 1770.
4 fois.

93 Mémoire sur l'Epizootie qui a regné au
commencement de l'année 1776 dans la
Flandre & dans l'Artois, par M. de Berg.
Paris, 1780.

94 Lettre à M. Linguet en réponse aux Observations, sur la Question : Si l'air con-
tribue à la Propagation de l'Epizootie
contagieuse, par le même.

95 Plan de la Société d'Emulation, établie à
Liege, sous la Protection de son Altesse
Celsissime. Liege, 1779.

96 Mémoires pour entretenir la propreté des
Rues de la Ville de Liege, par M. Cor-
nesse, & M. Bourdon. Ibid. 1780. 2 part.

97 Mémoire, pourquoi le Pays de Liege,
n'a-t-il vu naître dans son sein que rare-
ment, des Hommes distingués dans la
Littérature Françoise, par M. le Gay,
Liege, 1780.

98 Gothofredi Guillelmi Leibnitii Opera
omnia, nunc primum collecta, in clas-
ses distributa, Præfationibus & Indicibus
exornata; studio Ludovici Dutens. Genevæ, 1768, 6 vol. fig.

99 Gothofredi Guillelmi Leibnitii & Johan.
Bernoullii Commercium Philosophicum
& Mathematicum ab anno 1694 ad an-
num 1716. Lausannæ, 1745. 2 vol. fig.

100 Œuvres philosophiques latines & françoises de feu M. de Leibnitz, tirées de
ses Manuscrits, & publiées par M. R. E.
Raspe, avec une préface de M. Kaest-
ner. Amst. 1765.

101 The Elements of Algebra, in ten Books :
by Nicholas Saunderson. Cambridge,
1740. 2 vol. fig.

102 Ephemerides Motuum cœlestium ex anno
1751. in annum 1762, ad Meridianum

Bononiæ supputatæ auctoribus Euftachio Zanotto. Bononiæ, 1750. 2 vol. fig.

103 Antient Metaphyfics : or the fcience of univerfals. Edinb. 1779. 1 vol.
Nota. C'eft tout ce qui a encore paru de l'ouvrage.

104 * Renati Des-Cartes Principia Philofophiæ. Amft. 1756. fig.

105 Effai de Phyfique par M. Pierre van Muffchenbroek, traduit du Hollandois, par Mr. P. Maffuet. Leyde, 1739. 2 vol. fig. en marroq. bleu doré fur tr. & pl.

106 The Principles of Action in Matter, the Gravitation of Bodies, and the Motion of the Planets, explained from thofe Principles, by Cadwallader Colden. London, 1751. fig.

107 Theoria Philofophiæ naturalis reducta ad unicam legem virium in natura exiftentium, Aut. P. R. J. Bofcovich. Venetiis, 1763. fig.

108 Differtatio de lumine, auctore P. Rogerio Jofepho Bofcovich, Romæ, 1749. fig.

109 Athanafii Kircheri Iter extracticum cœlefte, prælufionibus & fcholiis illuftratum, fchematibufque exornatum à P. Gafpare Schotto. Herbipoli, 1660. fig.

110 —— Magnes, five de Arte magnetica opus tripartitum Col. Agrip. 1643. fig.

111 Phyfique du Monde, dédiée au Roi; par M. le baron de Marivetz & par M. Gauffier. Paris, 1780. tome 1.
Nota. C'eft tout ce qui en paroît.

112 Recherches fur les modifications de l'At-

mofphere ; contenant l'Hiftoire critique du Barometre & du Thermometre , un traité fur la conftruction de ces Inftrumens , des Expériences relatives à leurs ufages , par J. A. de Luc , Geneve , 1772. 2 vol. fig.

113 La Figure de la Terre , déterminée par les Obfervations de Mrs. Bouguer , & de la Condamine , envoyés par ordre du Roi au Pérou , pour obferver aux environs de l'Equateur ; avec une Relation abregée de ce Voyage , par M. Bouguer. Paris , 1749. fig. en marroquin citron , doré fur tr. & pl.

114 Œuvres de Bernard Paliffy , revues fur les Exemplaires de la Bibliotheque du Roi , avec des Notes par MM. Faujas de Saint Fond & Gobet. Paris , 1777.

115 The Hiftory and prefent ftate of Electricity with original Experiments , by Jofeph Prieftley , the fecond edition , corrected and enlarged. London , 1769. fig.

116 Experiments and Obfervations on Electricity , made at Philadelphia in America , by Benjamin Franklin. London , 1769. fig. Bis.

117 Idem ibid. 1774. fig.

118 Experiments on Electricity , being an attempt to shew the advantage of elevated pointed conductors , by M. Edward Nairne. London , 1779. fig.

119 Principles of Electricity , containing divers new Theorems and Experiments ,

together with an Analyfis of the fuperior advantages of high and pointed conductors, by Charles Vifcount Mahon. London, 1779. fig.

120 Voyages dans les Alpes, précédés d'un Effai fur l'Hiftoire naturelle des environs de Geneve, par M. de Sauffure. Neuchâtel, 1779. tom. 1er. fig.

121 J. H. Van Swinden Oratio de Philofophia Newtoniana, habita die 7 Junii 1779, quum Magiftratu Academico abiret. Franecq. 1779.

122 Conclufiones & Differtationes Philofophicæ, quas præfide Ven. Dno. J. J. Gerard. Lov. 1780.

123 Differtationes Phyficæ tres, Mariæ Therefiæ Auguftæ honoribus dicatæ à Jof. Lib. Bar. de Penckler. Vindobonæ, 1766. fig.

124 Effai fur la nouvelle Théorie du Feu élémentaire, & de la chaleur des Corps, par J. H. de Magellan. Lond. 1780.

125 Defcription & Ufages des nouveaux Barometres, pour mefurer la hauteur des Montagnes & la profondeur des Mines, par le même. Lond. 1779. fig.

126 The Naturalift's Journal. Lond. 1767. oblongo.

127 Obfervations fur la Formation des Montagnes & les Changemens arrivés au Globe, particuliérement à l'égard de l'Empire Ruffe, par P. S. Pallas. Pétersbourg, 1777.

128 Lettre à M. le Chevalier de Born, fur
la Tour-

la Tourmaline du Tirol , par M. Muller, trad. de l'Allemand. Brux. 1779. fig.

129 Pyritologie , ou l'Hiftoire naturelle de la Pyrite : on y a joint le Flora Saturnifans , où l'Auteur démontre l'alliance qui fe trouve entre les végétaux & les minéraux , & les Opufcules minéralogiques ; par M. Jean Fréd. Henckel. Paris , 1760. 2 vol. fig.

130 Iftoria dell' Incendio del Vefuvio accaduto nel mefe di Maggio dell' anno 1737, fcritta per l'Academia delle Scienze. In Napoli , 1738. fig.

131 An Effay toward's a Natural Hiftory of the Corallines, and other marine Productions of the like - kind , commonly found on the coafts of Great - Britain and Ireland , by John Ellis. Lond. 1755 fig. — Jani Planci Ariminenfis de Conchis minus noftis Liber , cui acceffit fpecimen Æftus reciproci Maris fuperi ad Littus Portumque Arimini. Venetiis, 1739. fig. — Storia e Fenomeni del Vefuvio efpofti dal P. D. Gio : Maria della Torre. In Napoli , 1755. fig. — Supplemento alla ftoria del Vefuvio del P. della Torre. fig. Tout dans le même volum.

132 De quam-plurimis Phofphoris nunc primum detectis Commentarius. Bononiæ, 1744. — Hiftoire de l'Académie Royale des Sciences , année 1725 , contenant diverfes Obfervations de Phyfique générale. fig. — Obfervations périodiques fur la Phyfique , l'Hiftoire Naturelle &

les Arts, ou Journal des Sciences & Arts,
par M. Touſſaint, avec des Planches im-
primées en couleurs par M. Gautier, fils.
Paris, 1756, 1757 & 1758. 4 parties.
Supplemento alla Storia deſt Veſuvio del
P. della Torrè. fig. Tout dans le même vol.

133 J. B. Bohadſch, de quibuſdam Animalibus marinis, eorumque proprietatibus,
orbi litterario vel nondum vel minus
notis. Dreſde, 1761. fig. Bis.

134 Recueil d'Oiſeaux inſeckes & Animaux
d'après van Keſſel & autres grands maî-
tres. —— Divers ſujets de chaſſes, d'a-
près Routar, peintre Flamand. Dans le
même volume.

135 Figures enluminées d'Hiſtoire-naturelle.
Copenh. 1767. Premier cahier, oblongo.

136 Hiſtoire de la Médecine, par Daniel le
Clerc. Amſt. 1702. 3 tom. 1 vol. fig.

137 Hiſtory of the origin of medecine, an
Oration delivered at the Anniverſary
Meeting of the medical Society of Lon-
don; January 1778, by John Coakley
Lettſom. London, 1778. fig.

138 Quæſtiones medicæ à clariſſimis collegii
Maſſilienſis doctoribus propoſitæ. Maſſ.
1778.

139 Recueil en deux Regîtres; contenant les
Effets merveilleux, opérés par la poudre
de M. Konigs. depuis 1760. à 1778.

140 Delle Malattie del Grano in Erba, trattato Storico-Fiſico del Conte Franciſco
Ginanni Patrizio Ravennate con Note
perpetue ad eſſo trattato, e con altre

Offervazioni di Storia naturale del me-
defimo autore. In Pefaro, 1759. fig.

141 Relazione Iftorica della Pefte, che at-
taccoffi à Meffina nell'anno 1743. In
Palermo, 1745.

HISTOIRE ET ANTIQUITÉS.

In-quarto.

142 MONDE primitif, analyfé & comparé
avec le Monde moderne, confidéré dans
fon Génie allégorique, dans la Grammaire univerfelle, dans l'Origine du
Langage & de l'Ecriture, dans l'Hiftoire
du Calendrier ou Almanach, dans le
Dictionnaire Etymologique de la Langue
Françoife, & dans le Dictionnaire Etymologique de la Langue Latine, par M.
Court de Gebelin. Paris, 1773–1779. 6
vol. fig. avec le Plan général & raifonné
dudit Ouvrage.

143 Remains of Japhet, being Hiftorical En-
quiries into the affinity and origin of the
European Languages, by James Parfons.
London, 1767. fig.

144 A New Syftem, or, an Analyfis of ancient Mythology: wherein an attempt is
made to diveft Tradition of Fable; and
to reduce the Truth to its original Puri-
ty, by Jacob Bryant. London, 1774.
vol. 1 & 3. fig.

145 Le Antichita di Berofo Caldeo facerdo-

te , & d'altri ſcrittori , coſi Hebrei, come Greci, & Latini, che trattano delle ſteſſe Materie, tradotte da M. Fr. Sanſovino. Vinegia, 1583.

146 Archæologia : or, miſcellaneous tracts relating to Antiquity, published by the ſociety of Antiquaries of London, 1775. vol. 3. fig.

147 Hiſtoriæ univerſalis politicæ Idea plane nova at legitima tractationem ſummorum Imperiorum , in Lectionum Academicarum uſum propoſita à Joanne Matthia Haſio. Norimb. 1743. avec les cartes enlumées.

148 Hiſtoire générale de l'Europe par Robert Macquereau. Louvain , 1765.

149 The Roman Hiſtory , from the Building of Rome to the Ruin of the Commonwealth, byN.Hooke.Lond. 1751.vol.1. fig.

150* The Hiſtory of the Decline and fall of the Roman Empire, by Edward Gibbons. London, 1776. vol. 1er.

151 Memoirs of the Court of Auguſtus, by Thomas Blackwell. Edinb.1753. vol.1. fig.

152 The Hiſtory of England from the Revolution to the preſent Time, by Catharine Macaulay. London, 1778. vol. 1.

153 The Hiſtory of Great-Britain, from the Reſtoriation , to the acceſſion of the Houſe of Hannover, by James Macpherſon. London, 1775. 2 vol. bis.

154 Original Papers , containing the ſecret Hiſtory of Great-Britain, from the Reſtoration , to the acceſſion of the Houſe

of Hannover, to which, are prefixed
extracts from the Life of James II, as
written by Himfelf. The whole arranged
and published by James Macpherfon.
London, 1775. 2 vol.

155 Memoirs of Great-Britain and Ireland,
from the Diffolution of the laft Parliament of Charles II, until the fea-battle
of la Hogue; by Sir John Dalrymple;
the fecond Edition. London, 1771. 2 vol.

156 A General Hiftory of Ireland, from
the earlieft accounts to the clofe of
the twelfth century, collected from
the moft authentic Records, by M.
O'Halloran. London, 1778. 2 vol.

157 Hiftoire des Guerres civiles de France,
fous les regnes de François II, Charles
IX, Henri III. & Henri IV, traduite de
l'Italien de Henri Caterin Davila ; avec
des Notes critiques & Hiftoriques, par
M. l'abbé M***. Amft. 1757. 3 vol.

158 Hiftoire de la Laponie, fa Defcription,
l'Origine, les Mœurs, la maniere de
vivre de fes Habitans, leur Religion,
leur Magie, & les chofes rares du Pays.
Trad. du Latin de M. Scheffer. Paris,
1678. fig.

159 Hiftoire générale des Huns, des Turcs,
des Mogols & des autres Tartares Occi-
dentaux, &c. par M. de Guignes. Paris,
1756. 3 vol.

160 Hiftoire de l'Empire Ottoman, depuis
fon origine jufqu'à la Paix de Belgrade
en 1740, par M. Mignot. Paris, 1771 fig.

161 Defcription de l'Arabie, d'après les Obfervations & Recherches faites dans le
Pays même, par M. Niebuhr. Copenhague, 1773. fig.

162 Le Chou-king, un des Livres facrés des
Chinois, qui renferme les fondemens de
leur ancienne Hiftoire, les principes de
leur Gouvernement & de leur Morale,
ouvrage recueilli par Confucius ; traduit
& enrichi de Notes, par feu le P. Gaubil ;
revu & corrigé fur le Texte Chinois,
par M. de Guignes. Paris, 1770. fig.

163 Hiftoire générale de la Chine, ou Annales de cet Empire, trad. du Tong-Kien-
Kang-Mou , par le feu Pere Jofeph-
Anne-Marie de Moyriac de Mailla, publiées par M. l'abbé Grofier, & dirigées
par M. le Roux des Hautefrayes. Paris,
1777. 10 vol. fig.

164 Mémoires , concernant l'Hiftoire , les
Sciences, les Arts, les Mœurs, les Ufages, &c. des Chinois ; par les Miffionnai-
res de Pékin. Paris, 1776 8 vol. fig.

165 Zend-Avefta , ouvrage de Zoroaftre ,
contenant les Idées Théologiques, Phyfiques & Morales de ce Légiflateur, les
Cérémonies du culte religieux qu'il a
établi, & plufieurs traits importans relatifs à l'ancienne Hiftoire des Perfes ;
trad. en François fur l'original Zend, avec
des Remarques, par M. Anquetil du Perron. Paris, 1771. 3 vol. fig.

166 Légiflation Orientale , par M. Anquetil
du Perron. Amft. 1778.

167 Mœurs des Sauvages Américains, com-
parées aux Mœurs des premiers temps;
par le P. Lafitau. Paris, 1724. 2 vol. fig.

168*The History of the American Indians,
particularly thofe Nations adjoining to
the Miffiffipi, Eaft and Weft Florida,
Georgia, South and North Carolina, and
Virginia, by James Adair. London, 1775.

169 Hiftoire du Paraguay, par le R. P. Pierre
François Xavier de Charlevoix. Paris,
1756. 3 vol. fig.

VOYAGES.

In-quarto.

170 Voyages fait en Afie dans les 12, 13,
14 & 15e. fiecles, par P. Bergeron. La
Haye, 1735. 2 vol. fig.

171 Iter Italicum litterarium, annis 1685 &
1686. fig.

172 Voyages de Mr. Shaw, M. D. dans plufieurs Provinces de la Barbarie & du Levant; contenant des Obfervations Géographiques, Phyfiques, Philologiques &
mêlées fur les royaumes d'Alger & de
Tunis, fur la Syrie, l'Egypte & l'Arabie
Petrée; traduit de l'Anglois. La Haye,
1743. 2 vol. fig. On trouve à la fin du
fecond volume des Extraits qui fervent
de preuves & d'éclairciffemens à cet ouvrage.

173 Some years Travels into divers parts of Afia and Africa. London, 1638. fig.

174 Voyage Hiftorique d'Abiffinie, du R. P. Jérôme Lobo ; traduit du Portugais, par M. le Grand. Paris, 1728. —— Réflexions fur les cultes de la Chine, avec la Réponfe à ces Réflexions ; l'un & l'autre en Italien , & traduit en François. 1710, dans le même vol.

175 A feries of Adventures in the courfe of a voyage up the Red-Sea, on the Coafts of Arabia ánd Egypt ; and of a route through the Defarts of Thebais, hitherto unknown to the European Traveller, in the year 1777 , in Letters to a Lady, by Eyles Irwin. London , 1780. fig.

176 Voyage from England to India , in the year 1754 alfo, a Journey from Perfia to England , by an unufual Route in 1758 and 1759. with an Appendix, by Edward Ives. London , 1773. fig.

177 Travels from St. Pétersburg in Ruffia to diverfe parts of Afia ; by John Bell of Antermony. Glafcow, 1763. 2 vol.

178 Voyage hiftorique de l'Amérique méridionale , fait par ordre du Roi d'Efpagne, par Don George Juan , & par Don Antoine de Ulloa , & qui contient une Hiftoire des Incas du Pérou , & les Obfervations Aftronomiques & Phyfiques , faites pour déterminer la figure & la grandeur de la Terre. Amfterd. 1752. 2 vol. figures.

179 Voyage à la Martinique , contenant diverfes

(25)

verfes Obfervations fur la Phyfique,
l'Hiftoire naturelle, l'Agriculture, les
Mœurs & les Ufages de cette Ifle, faites
en 1751 & dans les années fuivantes. Paris, 1763. fig. relié en maroquin rouge
doré fur tr. & pl.

180 Relation du Voyage de la Mer du Sud
aux Côtes du Chili & du Pérou, fait
pendant les années 1712, 1713 & 1714,
par M. Frézier. Paris, 1732. fig.

181 Voyage towards the North Pole undertaken by his Majefty's command 1773,
by Conftantine John Phipps. London,
1774. fig.

182 Voyage au Pôle Boréal, fait en 1773, par
ordre du Roi d'Angleterre, par Conftan-
tin-Jean Phipps, trad. de l'Anglois. Paris, 1775. fig.

183 An account of the Voyages undertaken
by the order of his prefent Majefty for
making Difcoveries in the fouthern Ho-
mifphere; by John Hawkefworth. London, 1773. 3 vol. fig.

184 Voyage towards the fouth Pole and
round the World, performed in his Majefty's ſhips the Refolution and Adven-
ture; in the years 1772, 1773, 1774 and
1775; by James Cook. London, 1777. 2
vol. fig.

185 Voyage round the World, in his Britannick
Majefty's floop *Refolution*, commanded
by Cap. James Cook, during the years
1772, 73, 74, and 75 by George Forfter. ibid, 1777. 3 vol. fig.

D

186. A Voyage to new Guinea and the Mo-
luccas , from Balambangan : including
an account of Magindano , Sooloo, and
other Iflands ; and illuftrated with Thirty
Copper plates, performed in the Tartar
Galley , belonging to the honorable Eaft
India Company , during the years 1774,
1775 and 1776, by Capitain Thomas
Forreft : to which is added , a Vocabu-
lary of the Magindano Tongue. Lond.
1779.

187 Accunt of the Ruffian Difcoveries between Afia and America ; to which are
added , the Conqueft of Siberia , and the
Hiftory of the tranfactions and Commerce
between Ruffia and China , by William
Coxe. Lond. 1780.

188 Mémoires & Obfervations géographiques
& critiques fur la fituation des Pays Sep-
tentrionaux de l'Afie & de l'Amérique ;
par M***. Laufanne , 1765. fig.

189 Journal of a Voyage in 1775 to explore
the coaft of America , Northward of
California , by the fecond Pilot of the
Fleet, Don Francifco Antonio Maurelle,
in the King's Schooner colled the Sono-
ra , and commanded, by Don Juan Francifco de la Bodega.

POLITIQUE ET COMMERCE.

In-quarto.

190 L'ordre naturel & essentiel des Sociétés politiques, par M. de la Riviere. Londres, 1767.

191 An Essay on the History of civil Society, by Adam Ferguson. Edinburgh, 1767.

192 An Inquiry into the nature and causes of the wealth of Nations, by Adam Smith, the second Edition. London, 1778. 2 vol.

193 Histoire des Guerres & des Négociations de Westphalie, par le pere Bougeant. Paris, 1744. 3 vol. marroquin rouge doré sur tr. & pl.

194 A Political Survey of Britain : being a series of Reflections on the Situation, Lands, Inhabitants, Revenues, Colonies, and Commerce of this Island, by John Campbell. London, 1774. 2 vol.

195 A Table of English Silver and Gold Coins from the Norman Conquest to the present Time, by Martin Folkes. London, 1745.

196 Convention entre l'Impératrice Reine de Hongrie & de Bohême & le Roi très-Chrétien ; concernant les Limites de leurs Etats respectifs aux Pays-Bas ; conclue à Bruxelles le 18 9bre. 1779.

197 Discours Académique sur les produits de

Russie , pour soutenir la Balance du Commerce extérieur toujours favorable , par A. J. Guldenstaedt. Petersb. 1776.

198 Mémoire pour le Comte de Lally , contre Monsieur le Procureur Général. Paris , 1766. fig.

199 The Trial of Joseph Fowke , Francis Fowke , Maha Rajah Nundocomar , and Roy Rada Churn , for a conspiracy against Warren Hastings. London , 1776.

200 Mémoire de M. Necker au Roi , sur l'Etablissement des Administrations Provinciales. Londres , 1781.

BELLES-LETTRES.

In-quarto.

201 THESAURUS Linguæ Latinæ Compendiarius : or a Compedious Dictionnary of the Latin Tongue ; designed for the Use of the British Nations ; in three Parts , by Robert Ainsworth , London , 1761.

202 T. Livii Patavini Historiarum ab urbe condita Libri , qui supersunt , omnes , cum Notis integris L. Vallæ , M. A. Sabellici , Beati Rhenani , S. Gelenii , H. Loriti Glareani , Caroli Sigonii , Fulvii Ursini , Fr. Sanctii , J. Fr. Gronovii , Tan. Fabri , H. Valesii , Jac. Perizonii , Jac. Gronovii ; excerptis Petr. Nannii , Justi Lipsii , Fr. Modii , Jani Gruteri ;

nec non ineditis Jani Jebhardi , Car.
And. Dukeri, & aliorum : curante Arn.
Drakenborch , qui & fuas Adnotationes
adjecit; accedunt Supplementa Deperdi-
torum T. Livii Librorum à Joh. Freins-
hemio concinnata. Amft. 1738 , 1746. 7
vol. fig.

203 * T. Petroni Arbitri E. R. Satiricon ,
Extrema Editio ex Mufæo D. Jofephi
Antonii Gonfali de Sales. Francofurti ,
1629.

204 Focaloir Gaoidhilge-Sax-Bhearla or an
Irish-English Dictionary. Paris 1768.

205 Le divin Ariofte ou Roland le furieux,
trad. en François par F. de Roffet , avec
la fuite. Paris, 1615. fig.

206 The Lufiad ; or the Difcovery of India ,
an Epic Poem. Tranflated from the original Portuguefe of Luis de Camoëns , by
William Julius Mickle , Oxford, 1776.

207 * Paradifus amiffus , Poëma Joannis Mil-
toni, Latinè redditum à Guilielmo Dob-
fon. Oxonii , 1750. 2 vol.

208 The Seafons, by Mr. Thomfon. London,
1730. fig.

209 Les Aventures de Télémaque, fils d'U-
lyffe , par Mr. de Fénelon , gravées au
Burin par Droüet. Brux. 1776. 3 parties.

210 The Travels of Cyrus. London , 1730.
fig.

211 An Effay on the original Genius and
writings of Homer ; with a comparative
view of the ancient and prefent State of
the Troade, illuftrated with Engraving ,

by the late Robert Wood. London,
1775. fig.

212 A Differtation on the Rife, Unions, and
Power, the Progreffions, Separations,
and Corruptions, of Poetry and Mufic,
to which is prefixed, the cure of Saul,
written, by Dr. Brown. London, 1763.

213 Francifci Blanchini, de tribus generibus
Inftrumentorum Muficæ veterum Orga-
nicæ Differtatio. Romæ, 1742. fig.

214 J. G. Grævii, Collectio Differtationum
rariffimarum Hiftorico-Philofophicarum.
Traj. Bat. 1716.

215 Joannis Lomeieri, Epimenides five de
veterum Gentilium Luftrationibus Synta-
gma. Zutphaniæ, 1700. fig.

216 Commentatio de Perfonis vulgo larvis feu
Mafcheris *von der Carnavals-Luft* critico,
hiftorico, morali atque juridico modo
diligenter confcripta à Chrift. Henr. Nob.
Dom. de Berger. Francof. 1723. fig.

217 Lettre de Pékin fur le Génie de la Langue Chinoife, & fur le caracteres Chinois,
par le R. Pere ****. Brux. 1773. fig.

218 Obfervations upon à fuppofed antique
Buft at Turin, by Edward Wortley Mon-
tagu. Lond. 1763.

219 Lettres de Critique, d'Hiftoire, de Litterature, &c. écrites à divers Savans de
l'Europe, par feu Mr. Gisbert Cuper,
publiées fur les originaux, par M. de B**
Amft. 1742. fig. en marroq. citron, doré
fur tr. & pl.

220 Differtation de M. l'Abbé Ghefquiere,

fur les Médailles antiques. Nivelles, 1779.

221 Moyen de fe préferver des Erreurs de l'Ufage dans l'Inftitution de la Jeuneffe, ou Découverte d'enfeigner les Sciences & les Langues aux Enfans de l'un & de l'autre fexe. Paris, 1781. 1er Partie, & la feule qui eft encore imprimée.

MÉLANGES.

In-quarto.

222 A Safe and eafy Remedy propofed for the relief of the Stone and Gravel, the Scurvy Gout, &c. by Nath. , Hulme. London, 1778. —— Obfervations made in Savoy, in order to affertain the Height of Mountains, by Means of the Barometer, by Sir G. Shuckburgh. London, 1777. fig. —— The Will of King Henry VII. London, 1775. —— An Hiftorical Defcription of an ancient Picture in Windfor Caftle, by Sir Jof. Ayloffe. Ibid. 1773. —— A Difcourfe on the Invention and Improvements of the Reflecting Telefcope, by fir John Pringle. Ibid. 1778. Tout dans le même volume.

223 J. T. Kleinii Dubia circa Plantarum Marinarum Fabricam vermiculofam. Petropoli, 1760. fig. —— Differtation fur le Papyrus, par M. le Comte de Caylus. 1758. fig.—— Obfervazioni in torno alla Doppia Rifrazione del Chriftallo di

Rocca. Torino, 1764 fig. —— Defcription des Octants & Sextants Anglois,
par M. J. H. de Magellan. Paris 1775
fig. Tout dans le même volume.

224 Elegia in obitu Caroli Alexandri Princi-
pis. Brux. 1780.

225 Oraifon funebre de Marie-Thérefe Impératrice, &c.; prononcée dans l'Eglife de
Paris, par l'Evêque de Blois. Paris, 1781.

226 La même, prononcée dans la Chapelle
du Louvre, par M. l'Abbé de Boifmont.
Ibid. 1781.

227 Præfagia poëtica in folemni Adventu
Mariæ-Chriftinæ & Alberti, Belgii Au-
ftriaci Gubernatorum. Brux. 1781.

228 Idem en Flamand.

229 Catalogue des Tableaux de M. de Ver-
hulft, avec Portraits. Brux. 1779.

230 Vacat.

131 Vacat.

232 Vacat.

LIVRES
THÉOLOGIQUES.

ECRITURE-SAINTE, TEXTES.

In - octavo.

233 Biblia Sacra vulgatæ editionis Sixti Quinti Pont. Max. Jussu recognita atque edita. Amst. 1629. 10 vol.

234 Veteris Testamenti versio nova, ad Hebraicam veritatem facta, auctore C. Franc. Houbigant. Parif. 1753. 8 vol.

235 The holy Bible, containing the old Testament, and the new. London, 1739. 2 tom. 1 vol.

236 The holy Bible translated from the Latin vulgate. London, 1750. 4 vol.

237 Liber Psalmorum Davidis. Nant.

238 * Novum Testamentum Græcè. Amst. 1678.

239 * Novum Testamentum Erasmi Roterodami. Colmariæ, 1523.

240 The new Testament of our Lord and Saviour Jesus Christ. 1719.

241 The new Testament of our Lord and Saviour Jesus Christ; with Annotations, 1750.

E

PROLEGOMENES et COMMENTATEURS.

In - octavo.

242 Nouvelle Méthode pour entrer dans le vrai sens de l'Ecriture sainte, par M. l'abbé du Constant de la Molette. Paris, 1777. 2 vol.

243 La Genese expliquée d'après les Textes primitifs; avec des Réponses aux difficultés des Incrédules, par M. l'abbé du Constant de la Molette. Paris, 1777. 3 vol.

244 Observations on divers Passages of Scripture, placing many of them in a Light altogether new, by Sir John Chardin. London, 1776. 2 vol.

245 Explication du Livre des Pseaumes. Paris, 1733. 7 vol.

246 Interprétation historique & critique du Pseaume 68. *Exurgat Deus*, &c. Ouvrage posthume de M. l'abbé Ladvocat. La Haye, 1767.

247 Principes généraux pour l'intelligence des Prophéties. Paris, 1763.

248 Ezechiel's Vision explained, by Sig. Pastorini. London, 1778.

249 Annotations on the new Testament of Jesus-Christ. 1730. 2 vol.

250 Analyse des Epitres de Saint Paul & des Epitres Canoniques. Paris, 1691. 2 vol.

251 L'Apocalypfe avec une explication, par
M. J. B. Boffuet. Paris, 1690.

252 The General Hiftory of the Chriftian
Church, from her Birth to her final trium-
phant ftate in Heaven, Chiefly deduced
from the Apocalypfe of St. John the
Apoftle, by Sig. Paftorini. London, 1771.

HISTOIRE SACRÉE
ET ECCLESIASTIQUE.

In - octavo.

253 Abrégé de l'Hiftoire Sainte, avec des
preuves de la Religion, par demandes &
réponfes. Paris, 1738.

254 Abrégé de l'Hiftoire & de la Morale de
l'ancien Teftament. Paris, 1764.

255 Idem. Ibid. 1754. Tom. 3.

256. Hiftoria Familiæ Sacræ ex antiquis monumentis collecta ab Antonio Sandino.
Patavii, 1764.

257 Les Mœurs des Ifraélites, par Fleury.
Paris, 1712.

258 Les Mœurs des Chrétiens, par le même.
Ibid. 1683.

259. Idem., par le même. Ibid. 1713.

260 Abrégé Chronologique de l'Hiftoire Eccléfiaftique. Ibid. 1757. 2 vol.

261 Idem. Ibid. 1751, tome premier.

262 Les Siecles Chrétiens, ou Hiftoire du

Chriftianifme, dans fon établiffement &
fes progrès, par M. l'Abbé ***. Paris,
1775. 4 vol.

TRAITÉ THÉOLOGIQUE.

In - Octavo.

263 Demonftratio Evangelica olim à Benedicto Stattler confcripta, nunc in Compendium redacta ab ejufdem difcipulo
Michael Sailler. Ingolftadii, 1778.

264 Demonftratio Catholica, five Ecclefiæ
Catholicæ fub ratione Societatis legalis
inæqualis à Jefu - Chrifto Deo homine inf-
titutæ genuinum Syftema fecundum Juris
Naturæ focialis Principia, accurata methodo explicatum, autore Benedicto Stattler. Poppenhemii, 1775.

265 Theologia Chriftiana Theoretica, autore
Ben. Stattler. Ingolftadii, 1776, 2 vol.

266 De Locis Theologicis. Eodem Aut. 1775.

267 Ethica Chriftiana univerfalis. Eodem autore. Ingolftadii, 1773.

268 Religionis Naturalis & Moralis Philofophiæ Principia, methodo Scholaftica di-
gefta. Paris, 1752, 3 vol.

269 The Analogy of Religion, natural and
revealed, to the Conftitution and Courfe
of Nature. By J. Butler, 1754.

270 Catéchifme Hiftorique, contenant en abrégé l'hiftoire Sainte & la Doctrine Chré-

tienne, par M. Fleury. Bruxelles, 1727, 3 vol. doublés avec du papier blanc.

271 Catéchisme de Meaux, par Bossuet. Paris, 1648.

272 The Catholick Christian instructed in the Sacraments, Sacrifice, Ceremonies, and Observances of the Church. by way of Question and Answer. Lond. 1770.

273 Dictionnaire Théologique-portatif. Paris, 1756.

274 Traité des principes de la Foi Chrétienne. Paris, 1737. 3. vol.

275 * Exposition de la Doctrine Chrétienne, ou Instruction sur les principales vérités de la Religion. Utrecht, 1744. 6 vol.

276 Disquisitio Philosophico-Historico-Theologica. Auth. F. X. D. F. Luxemb. 1780.

277 Martini de Roa S. J. Singularia locorum ac rerum Sanctæ Scripturæ. Lugd. 1667. 2 vol.

278 Dissertations sur l'Arche de Noé, & sur l'Hémine & la Livre de St. Benoist, par J. le Pelletier. Rouen 1700. fig.

279 Les Caracteres du Messie, vérifiés en Jesus de Nazareth. Rouen, 1776. 2 tom. 1 vol.

280 Observations on the History and Evidence of the Resurrection of Jesus-Christ, by Gilbert West. London, 1747.

281 Two Dissertations : the first on the Tree of Life in Paradise with some Observations on the Creation and Fall of Man; the second on the Oblations of Cain and Abel, by Benjamin Kennicott. Oxford, 1747.

282 Differtation fur les Miracles , par George Campbell , traduite de l'Anglois. Amfterdam, 1767.

283 The fcripture Doctrine of Miracles, by G. Hay. London , 1775 , 2 vol.

284 Four Differtations. 1. On Providence. 2. On Prayer. 3. On the Junction of Virtuous Men in the Heavenly State. 4. On Hiftorical Evidence and Miracles , by Richard Price. London , 1768.

285 Reginaldi Poli liber de Concilio. Ejufdem de Baptifmo Conftantini Magni Imperatoris. Reformatio Angliæ , ex Decretis ejufdem. Ven. 1572.

286 Inftruction Paftorale de l'Evêque de Puy. 1764.

287 Préfence corporelle de l'Homme en plufieurs lieux, par l'Auteur des Lettres à un Américain. Paris, 1764.

288 Pratique du Sacrement de Pénitence , par M. Louis Habert. Paris , 1748.

289 Direction pour la Confcience d'un Roi, Par Fénélon. Lahaye , 1747.

290 Politique de l'Ecriture Sainte , par M. Boffuet. Bruxelles , 1721 , 2 vol.

291 Difcours fur l'Hiftoire Univerfelle , par le même. Paris , 1752. 2 vol.

292 Roma fubterranea noviffima , in qua antiqua Chriftianorum & præcipuè Martirum Cœmeteria,&c. ex abfolutiffimo opere Pauli Aringhi. Arnhemiæ, 1671. fig.

293 Queftiones Concurfûs Mechlinienfis ab anno 1745 , ad 1776. Brux. 2 vol.

294 Vacat.

ASCETIQUES.

In - Octavo.

295 Paftorum Inftructiones à S. Carolo Bor-
romæo. Lov. 1701.

296 Lettres de S. Charles Borromée. Venife,
1762.

297 De Sacrificio Miffæ tractatus Afceticus,
Autore Joanne Bona. Lugd. 1730.

298 Tréfors Euchariftiques, tirés de l'Ecriture
& des Saints Peres, par le R. P. Nicolas
Jos. De Stavelot. Liege, 1779.

299 Traité fur la Priere publique. Paris, 1734.

300 La fubftance de toutes les Prieres. Brux.

301 Sacerdos Chriftianus, feu ad vitam Sacer-
dotalem Manuductio. Autore Lud. Abelly.
Parif. 1685.

302 Difcours fur la Vie Eccléfiaftique, par
Jofeph Lambert. Paris, 1740. 2 vol.

303 Conduite des Confeffeurs dans le Tribunal de la Pénitence. Paris, 1738.

304 Spiritual Combat or a Tryal of a faith-
full foul by Tempation.

305 Converfations Chrétiennes, Par le P. Malebranche. Rouen, 1695.

306 Lettres fur divers fujets de Morale & de
Piété. Paris, 1719.

307 Œuvres Spirituelles, contenant diverfes
Poéfies Chrétiennes, compofées dans les
horreurs de la Baftille de Paris, par M.
de Renneville. La Haye, 1725.

308 Pensées du Pere Bourdaloue, sur divers
sujets de Religion & de Morale. Bruxelles,
1766. 2 vol.

309 Œuvres Spirituelles, par M. de la Motte-
Fénélon. Amsterdam, 1740. tom. 1. & 4.

310 La Consolation du Chrétien, par M.
l'Abbé Roissard. Paris, 1775. 2 vol.

311 Réflexions Chrétiennes sur divers sujets
de Morale, par le Pere Jean Croiset. Paris, 1733. 2 vol.

312 Le Triomphe de la vérité, ou Mémoires
de M. de la Villete par Mad. le Prince
D. B. Nancy, 1743.

313 Retraite Spirituelle à l'usage des Commu-
nautés Religieuses, par le Pere Bourdaloue. Paris, 1733.

SERMONS.

In - Octavo.

314 Instructions courtes & familieres sur le
Symbole, par M. Jos. Lambert. Paris,
1728, 2. vol.

315 Instructions pour tous les Dimanches &
les principales Fêtes de l'année, par le
même. Ibid. 1736. 3 vol.

316 Sermons de Pere Charles Frey de Neuville, par M. l'Abbé de Querbeuf. Paris,
1776. 8 volumes, manque tom. 2 & 3.

317 Discours sur quelques sujets de Piété &
de Religion, par le R. P. le Chapelain.
Paris, 1760.   Sermons

318 Sermons ou Difcours fur différens fujets
de Piété & de Religion, par le même.
Paris, 6 vol. relié en veau, doré fur tr.
& plat.

319 La voix du Pafteur, Difcours familiers
d'un Curé à fes paroiffiens, par M. Re-
guis. Paris, 1768. 2 vol.

320 Inftructions hiftoriques, dogmatiques &
morales en faveur des fimples Fideles,
& fur-tout des Habitans de la campagne.
Paris, 1751.

321 * Sermons fur divers Textes de l'Ecriture
Sainte, par Jacques Saurin. Lahaye, 1715.
4 vol.

322 Sermons, by Hugh Blair. London, 1779.

LIVRES LITURGIQUES.

In - Octavo.

323 Breviarium Romanum. Antv. 1611.

324 Breviarium Parifienfe. Parifiis, 1736, 4
vol.

325 Breviarium Romanum. Avenione, 1750.
4 vol.

326 Breviarium Romanum. Taurini, 1764.
4 vol.

327 Horæ Diurnæ Breviarii Romani. Antv.
1752.

328 Officia propria Sanctorum S. Waldetru-
dis Oppidi Montenfis ad Normam Breviarii Romani conformata. Montibus,
1702.   F

THÉOLOGIE HETERODOXE.

In - Octavo.

330 Essai sur les Erreurs & les Superstitions anciennes & modernes, par M. L. Castilhon. Francfort, 1766. 2 vol.

331 Histoire des différens Peuples du Monde, contenant les Cérémonies religieuses & civiles, par M. Contant Dorville. Paris, 1770. 6 vol.

332 Dictionnaire Historique des Cultes Religieux établis dans le monde, depuis son origine jusqu'à présent. Liege, 1772. 5 vol.

333 Cérémonies & Coutumes qui s'observent aujourd'hui parmi les Juifs, par Simonville. Paris, 1681 —— Comparaison des Cérémonies des Juifs, & de la Discipline de l'Eglise, par le même. Ibid. 1681 dans le même volume.

334* Agneau Pascal, ou Explication des Cérémonies qne les Juifs observoient en la Manducation de l'Agneau de Paque. Col. 1686.

335* Tephilloth, containing the forms of Prayers which are publicly read in the Synagogues, and used in all families ; faithfully translated from the original Hebrew, by B. Meyers and A. Alexander. London, 5530.

336 Cippi Hebraici : five hebræorum, tam
prophetarum, patriarcharum ; quam re-
centiorum, Tannæorum, Amoræorum,
Rabbinorum Monumenta, Hebraicè à Ju-
dæo quodam, tefte oculato, tum intra,
tum etiam extra Terram fanctam obfer-
vata & confcripta, nunc verò latinitate
donata, notifque illuftrata. Autore J. H.
Hottingero. Heidelbergæ, 1662. fig.

337 Theologiæ, five potius Judaicæ atque
Mohammedicæ feu Turcico-Perficæ Principia fublefta & fructus peftilentes, hoc
eft : Exercitationes de Judæorum Libris.
Aut : Aug. Pfeiffero. Lipfiæ, 1687.

338 Hiftoire de l'Alcoran, par M. Turpin.
Londres, 1775. 2 vol.

339 Recueil des Rits & Cérémonies du Pé-
lerinage de la Mecque, auquel on a joint
divers écrits relatifs à la Religion, aux
Sciences & aux Mœurs des Turcs, par
M. Galland. Amft., 1754.

340 Mêlanges de Littérature Orientale, par
M. Cardonne. Paris, 1770. 2 vol.

341 L'Ezour - Vedam, ou ancien Commentaire du Vedam, contenant l'Expofition
des Opinions Religieufes & Philofophiques
des Indiens, traduit du Samfcretan, par
un Brame. Yverdon, 1778. 2 vol.

342 Conformité des Coutumes des Indiens
Orientaux, par M. de la C****. Brux.
1704. fig.

343 * Catéchifme raifonné, traduit de l'Anglois, par Milord ***, avec un Difcours

préliminaire de M. Formey. Leipzig, 1756.

344 * The Book of Common Prayer, and Administration of the Sacraments, with the Psalter or Psalms of David. London, 1742. 2 tom. 1 vol.

345 * An Apology for the true Christian Divinity : being an Explanation and Vindication of the Principles and Doctrines of the People called Quakers, written in Latin and English, by Robert Barclay. London, 1765.

346 * Præadamitæ, five Exercitatio super verfibus 12 13 & 14. Capitis quinti Epistolæ D. Pauli ad Romanos : quibus inducuntur primi Homines ante Adamum Conditi, 1655.

347 * Examen de la Doctrine touchant le falut des Payens, ou nouvelle Apologie pour Socrate, par M. J. A. Eberhard, trad. de l'Allemand. Amst. 1773.

CONTROVERSE

CONTRE LES SECTAIRES.

In-octavo.

348 The Truth of the Christian Religion, by Hugo Grotius, corrected and illustrated with Notes, by M. Le Clerc. London, 1743.

349 The true Church of Christ, shewed by

concurrent Teſtimonies of Scripture, and primitive tradition. London, 1715. 3 volumes.

350 Idem, 1714. 3 part. 2 vol.

351 Plain and rational account of the Catholick Faith, with a Preface and Appendix. Rouen, 1721.

352 An appeal to Common ſenſe in behalf of Religion. Edinb. 1766.

353 Charity and Truth: or, Catholicks not uncharitable in ſaying, that none are ſaved out of the Catholick Communion, by H. E. 1728.

354 Idem, by H. E. 1738.

355 The ſhorteſt way to end Diſputes about Religion. Bruſſels, 1716.

356 Schiſm dis-armed of the defenſive Weapons lent it by Doctor Hammond. Paris, 1655.

357 * Pax Vobis : or, Goſpel and Liberty, againſt ancient ad modern Papiſts, by E. G. Preacher of the Word. 1742. bis.

358 * Pax Vobis: an Epiſtle to the Three Churches. London, 1721.

359 England's Converſion and Reformation compared, divided into four Dialogues. Anverp, 1725.

360 Memoirs of Miſſionary Prieſts, as well ſecular as regular; and of other Catholies, of both ſexes, that have ſuffered Death in England, on Religious accounts, from the year of our Lord 1577 to 1684, Printed in 1741. 2 vol.

361 Wit againſt Reaſon: or, the Proteſtant Champion, the great, the incomparable Chillingworth not invulnerable, by H. E. Bruſſels, 1735.

362 The two Conferences held on Febr. 7 and 13 1734-5, at the bell-Tavern in Nicolas-lane by a Gentleman. Lond. 1735. avec dix autres Pieces dans le même vol.

363 Specimen of the ſpirit of the Diſſenting Teachers in their Sermons lately preached at Salters-Hall, by Philalethes. London, 1736.

364 A defence of Catholikes perſecuted in England, 1630.

365 Hiſtorical Collections, out of ſeveral grave Proteſtant Hiſtorians, 1684.

366 The tryal of the Roman Catholiks, by Henry Brooke. Dublin, 1762.

367 A modeſt Enquiry how far Catholicks are guilty of the horrid tenets laid to their Charge, by S. B. London, 1749.

368 Letter to Dr. Fordyce, in Anſwer to his Sermon on the deluſive and perſecuting Spirit of Popery. London, 1779.

369 Expoſition de la Doctrine de l'Egliſe Catholique, par Boſſuet. Brux. 1720.

370 Hiſtoire des variations des Egliſes Proteſtantes, par le même. Paris, 1717. tome 2.

371 Avertiſſement aux Proteſtants ſur les Lettres du Miniſtre Jurieu, contre l'Hiſtoire des Variations, par le même. Ibid. 1717.

372 Mémoires pour ſervir à l'Hiſtoire de

Egaremens de l'Esprit humain, par rapport à la Religion Chrétienne, ou Dictionnaire des Hérésies, précédé d'un Discours. Paris, 1762. 2 vol.

373 Histoires des Hérésies, par M. Hermant.
Rouen, 1727. 4 vol.

374 Examen Reformationis novæ præsertim
Calvinianæ in quo Synagoga & Doctrina
Calvini refutatur. Auth. Matt. Kellisono.
Duaci, 1616.

375 Lettres de Controverse à un Gentilhomme
de la Religion prétendue réformée, par
M. Gastineau. Paris, 1677.

376 De l'Unité de l'Eglise, ou Réfutation
du nouveau Systême du Ministre Jurieu,
par M. Nicole. Lille, 1709.

377 * Avis important aux Réfugiés, sur leur
prochain retour en France, donné pour
étrennes à l'un d'eux en 1690, par M.
C. L. A. A. P. D. P. Amst. 1690.

378 Défense du Dogme Catholique sur l'é-
ternité des Peines, par Don Sinsart.
Strasb. 1748.

379 * Examen de ce qui concerne le Christianisme, la Réformation Evangelique, &
les Ministres de Geneve, dans les deux
premiers Lettres de M. J. J. Rousseau,
écrites de la Montagne, par J. Vernes.
Geneve, 1765.

380 Fanaticism revived : or, the Enthusiasms
of the Camisars. London, 1707.

CONTROVERSE

CONTRE LES INCREDULES MODERNES.

381 Les Principes de la Saine Philosophie conciliés avec ceux de la Religion : ou la philosophie de la Religion, par l'Auteur de la Théorie des Êtres sensibles. Paris, 1774. 2 vol.

382 Dictionnaire philosophique de la Religion, par l'Auteur des Erreurs de Voltaire. Lyon, 1773. 4 vol.

383 Dictionnaire anti - philosophique, pour servir de Commentaire & de Correctif au Dictionnaire philosophique, & aux autres Livres qui ont paru de nos jours contre le Christianisme. Avignon, 1769. 2 vol.

384 Catéchisme philosophique, par M. Flexier de Reval. Liege, 1773.

385 Le Philosophe Catéchiste, ou Entretiens sur la Religion entre le Comte de ***, & le Chevalier de ***. Paris, 1779.

386 The Divine Legation of Moses demonstrated, on the principles of a Religious Deist, from the Omission of the Doctrine of a future State of Reward and Punishment in the Jewish Dispensation, by William Warburton. London, 1742. 2 vol.

387 Preuve indépendante de toute autre, de la vérité de la Religion Chretienne, ou Considérations sur la Conversion & l'Apos-
tolat

tolat de St. Paul, par Mylord G. Lyttle-
ton. Laufanne , 1758.

388 A View of the internal Evidence of the
Chriftian Religion, by Soame Jenyns.
London , 1776.

389 La Religion naturelle, & la Révélée,
établies fur les principes de la vraie Philofophie, & fur la divinité des Ecritures.
Paris, 1756. 4 vol.

390 L'Antiquité juftifiée, ou Réfutation d'un
Livre qui a pour titre : L'Antiquité dévoilée par fes ufages. Amft. 1766.

391 Hiftoire des premiers Temps du monde,
prouvée par l'accord de la Phyfique avec
la Genefe, par les Philofophes. Paris,
1778.

392 An Effay on the nature and immutabi-
lity of Truth, in oppofition to Sophiftry
and Scepticifm, by James Beattie. Edinburgh, 1771.

393 La Vraie Philofophie, ou l'Ufage de la
Philofophie, Paris, 1762.

394 Les Penfées de M. Forbes fur la Religion naturelle & révélée, traduites de
l'Anglois. Paris, 1770.

395 Chriftianity as old as the Creation : or,
the Gofpel, a republication of the Religion of Nature. London, 1731.

396 Saint Auguftin contre l'Incrédulité. Paris, 1754.

397 Œuvres Philofophiques, ou Démonftra-
tion de l'Exiftence de Dieu & de fes attri-
buts, par feu M. de la Motte-Fénélon.
Paris, 1739. 2 part. 1 vol.

G

398 Lettres fur divers fujets , concernant la Religion & la Métaphyfique , par M. de la Motte-Fénélon. Paris , 1718.

399 * Traité de la Vérité de la Religion Chrétienne. Rott. 1688. 2 vol.

400 Traité de la Vérité de la Religion Chrétienne , tiré du Latin de M. J. Alphonfe Turretin. Geneve , 1730. 5 vol.

401 L'Autorité des Livres du nouveau Teftament contre les Incrédules , par M. l'Abbé Du Voifin. Paris , 1775.

402 Penfées fur les plus importantes Vérités de la Religion , & fur les principaux Devoirs du Chriftianifme ; par M. Humbert. Paris , 1768.

403 La vraie Philofophie , par Mr. l'Abbé M***. Brux. 1774.

404 Expofition abrégée des Preuves hiftoriques de la Religion Chrétienne , par M. Bauzée. Paris , 1747.

405 Recherches philofophiques fur les Preuves du Chriftianifme , par C. Bonnet. Geneve , 1778. 6 vol.

406 Réflexion fur le Syftême des nouveaux Philofophes. Francf. 1761.

407 Lettres fur la Religion , par un Religieux Bénédictin. Avignon , 1757.

408 Préfervatif pour les Fideles , contre les Sophifmes & les Impiétés des Incrédules. Paris , 1764.

409 * Le Philofophe Chrétien , ou Difcours moraux , par M. Formey. Leyde , 1752.

410 Le Philofophe Chrétien , ou Lettres à

un Jeune-Homme entrant dans le Monde. Avignon , 1765.

411 Inftructions d'un Pere à fes Enfans fur
la Nature & fur la Religion , par Abraham Trembley, Geneve, 1775. 2 vol.

412 Lettres d'une Mere à fon Fils , pour lui
prouver la vérité de la Religion Chrétienne. Paris, 1767. 3 vol.

413 L'Infuffifance de la Religion naturelle ,
prouvée par les Vérités , contenues dans
les Livres de l'Ecriture-Sainte par le R.
P. Henri Griffet. Liege , 1770. 2 vol.

414 Défenfe de la Religion , tant naturelle
que révélée, contre les Infideles & les Incrédules, trad. de l'Anglois de M. Gilbert
Burnet. La Haye , 1738. 3 vol.

415 L'Incrédule conduit à la Religion Catholique , par la voie de la Démonftra-
tion. Brux. 1769.

416 Inftruction paftorale de l'Evêque du Puy.
Paris , 1764. tom. 1er.

417 La même. Paris. tom. 1er.

418 Expofition abrégée des Caractéres de la
vraie Religion , par le R. P. Gerdil, Paris, 1769.

419 Recueil de Differtations fur quelques
principes de Philofophie & de Religion ,
par le R. P. Gerdil. Paris , 1760.

420 A View of the principal Deiftical Wri-
ters that have appared in England in
the laft and prefent century, by John
Leland. Lond. 1754.

421 Obfervations fur les Savans incrédules ,
& fur quelques-uns de leurs écrits, par

Jacques-François de Luc. Geneve, 1762.

422 Queſtions diverſes ſur l'Incrédulité. pa·
ris, 1751.

423 Lettres Critiques ſur divers Ecrits de nos
jours, contraires à la Religion & aux
Mœurs, par M. C***. Lond. 1751. 2
volum.

424 L'Oracle des nouveaux Philoſophes, pour
ſervir de ſuite & d'éclairciſſement aux
Œuvres de M. de Voltaire. Berne, 1760.

425 Suite de l'Oracle des nouveaux Philoſophes. Berne, 1760.

426 Tableau philoſophique de l'Eſprit de M.
de Voltaire. Geneve, 1771.

427 * M. de Voltaire, peint par lui - même.
Lauſanne, 1769 ——Lettres ſur quelques
Ouvrages de M. de Voltaire. Amſt. 1769.
—— Les Singularités de la Nature. Baſle,
1768. Tout dans le même volum.

428 Lettres de quelques Juifs Portugais &
Allemands, à M. de Voltaire. Paris, 1772.
2 vol.

429 Remarques ſur un Livre intitulé : Dictionnaire Philoſophique portatif. Londres,
1764; par un Membre de l'illuſtre Société d'Angleterre, pour l'avancement
& la propagation de la Doctrine Chrétienne, Lauſ. 1765.

430 Défenſe des Livres de l'ancien Teſtament, contre l'Ecrit intitulé : La Philoſophie de l'Hiſtoire. Paris, 1768.

431 Obſervations ſur la Philoſophie de l'Hiſtoire & le Dictionnaire Philoſophique,
avec des Réponſes à pluſieurs difficultés,

par M. l'Abbé François. Paris, 1770. 2'
tom. 1 vol.

432 Supplément à la Philofophie de l'Hiftoire
de feu M. l'Abbé Bazin. Amft. 1769. —
Réponfe à la Défenfe de mon Oncle,
précédée de la Relation de la Mort de
l'Abbé Bazin. Amft. 1767. Dans le même
volume.

433 Les Erreurs de Voltaire, par l'Abbé Non-
notte. Lyon, 1767. 2 vol.

434 L'Anti-Uranée, ou le Déifme comparé
au Chriftianifme, épîtres à M. de Voltaire, par le P. B. C. Avignon, 1763, —
Samfon, Tragédie-lyrique. Paris 1750. —
Examen du Bélifaire de M. Marmontel.
Paris, 1767. — Eloge de René Defcartes,
par M. Thomas, 1775. Tout dans le
même vol.

435 Les Grands Hommes vengés, ou Examen des Jugemens portés par M. de V.,
& par quelques autres Philofophes, fur
plufieurs Hommes célèbres par ordre alphabétique, avec un grand nombre de
Remarques critiques & de Jugemens littéraires, par M. de Sablons. Amft. 1769.
2 vol.

436 Le Pere Adam aux prifes avec M. de
Voltaire, ou les Remontrances inutiles.
Ferney, 1777.

437 Repentir ou Confeffion publique de M.
de Voltaire. Laufanne, 1771.

438 Voltaire parmi les Ombres. Paris, 1776.

439 Queftions fur les Miracles, par M. Claparede. London, 1769.

440 Lettres à M. de Voltaire, par M. Clé-
ment. La Haye, 1773. 4 vol.

441 Lettres de feu M. de Haller contre M.
de Voltaire, traduit de l'Allemand, par
M. Koenig. Berne, 1780. 2 vol.

442 Choix de quelques Pieces polémiques de
M. de Voltaire, avec les Réponses, pour
servir de suite & d'éclaircissement à ses
Ouvrages. 1759.

443 La Divinité de la Religion Chrétienne,
vengée des Sophismes de J. J. Rousseau.
Paris, 1763. partie 2e.

444 Réponse aux Difficultés proposées contre
la Religion Chrétienne, par le même,
par M. l'Abbé François. Paris, 1765.

445 Considérations sur les Miracles de l'E-
vangile, pour servir de réponse aux difficultés de M. J. J. Rousseau, par D.
Claparede. Geneve, 1765.

446 Lettres à M. Rousseau, pour servir de
Réponse à sa Lettre contre le Mande-
ment de Mgr. l'Archevêque de Paris.
Amst. 1763.

447 * Lettres à M. D. B. sur la Réfutation du
Livre de l'Esprit d'Helvetius par J. J.
Rousseau. Lond. 1779.

448 Réflexions sur la Théorie & la Pratique
de l'Education, contre les Principes de
M. Rousseau, par le P. G. B. Geneve,
1764.

449 Lettre à Mr. D***, sur le Livre intitulé : Emile ou de l'Education par J. J.
Rousseau. Amst. 1762.

450 Preuves de la Religion de Jesus-Christ

contre les Spinofiftes & les Déiftes, par M. François. Paris, 1754, 8 vol.

451 View of Lord Bolingbroke's Philofophy, in four Letters to a friend. Lond. 1754.

452 A Differtation on Miracles, containing an Examination of the Principles advanced by David Hume, in an Effay on Miracles; by George Campbell. Edinb. 1766.

453 Pieces relatives à l'Examen de Belifaire, par M. de Legge. Paris, 1768.

454 Apologie de la Religion Chrétienne, par M. Bergier. Par. 1769. 2 vol.

455 La Certitude des Preuves du Chiftianifme, par le même. Paris, 1767. 2 vol.

456 Anti-Lucretius, five de Deo & Natura, Libri novem. Eminentiffimi S. R. E. Cardinalis Melch. de Polignac Opus pofthumum; Illuftriffimi Abbatis Caroli d'Orleans de Rothelin curâ & ftudio editioni mandatum. Parif. 1747. 2 vol.

457 L'Anti-Lucrece, poëme fur la Religion Naturelle, compofé par M. le Cardinal de Polignac, traduit par M. de Bougainville, Paris, 1749. 2 vol.

458 La Religion prouvée aux Incrédules, avec une lettre à l'Auteur du Syftême de la Nature, par un Homme du monde. Par. 1780.

459 Réflexions philofophiques fur le Syftême de la Nature, par M. Holland. Neufchâtel, 1775. 2 part. 1 vol.

460 Réflexions fur le même Syftême, par le même. Ibid. 1773 2 vol.

461 Les mêmes. Par. 1773. 2 tom. 1 vol.

462 Letters on Materialism and Hartley's Theory of the Human Mind , adreffed to Dr.
Prieftley. Lond. 1776.

463 An Examination of the fifteenth and fixteenth Chapters of Mr. Gibbon's Hiftory of the decline and fall of the Roman
Empire , by H. Edu. Davis. Lond. 1778.

464 Cenfure de la Faculté de Théologie de
Paris, contre les Œuvres de Mr. G. T.
Raynal. Par. 1781.

465 Examen du Catéchifme de l'Honnête-
Homme , ou Dialogue entre un Caloyer
& un Homme de Bien. Brux. 1764.

466 Les vrais Quakers , ou les Exhortations ,
Harangues & Prédictions des vrais Ser-
viteurs du Seigneur Dieu à un méchant
Frere. A la fuite , on a joint le parallele
le plus curieux de deux célebres Litté-
rateurs , & la correfpondance entre un
Oncle & fon Neveu. Lond. 1771.

467 L'Anti-Bernier ou nouveau Dictionnaire
de Théologie , par l'Auteur des P. ... A....
1770. 2 vol.

468 Entretiens philofophiques & critiques fur
plufieurs points de Morale & d'Hiftoire,
par Mr. M. P. P. C. Avignon , 1775.
2 tom. 1 vol.

469 Mon Apologie , précédée du dix-huitieme
Siecle: Satires , par M. Gilbert. Amft.
1778.

470 Les Américaines , ou la preuve de la Religion Chrétienne , par Mde. le Prince
de Beaumont.

471 Le Comte de Valmont , ou les Egaremens de la Raison ; Lettres recueillies
& publiées par M.... Paris 1774 & 1778. 5
vol. fig.

472 Confidence philofophique. Geneve, 1776.
2 tom. 1 vol.

473 Confidence philofophique. Londres, 1771.

SCIENCES.

HISTOIRE DES SCIENCES.

In-octavo.

474 HISTOIRE abrégée de la Philofophie, par
M. Formey. Amft. 1760.

475 Hiftoire Critique de la Philofophie , par
M. D ***. Amft. 1737. 3 vol. *bis.*

476 Ocellus Lucanus de la Nature de l'Univers, avec la Lettre d'Ariftote à Alexandre fur le Syftême du Monde, par M.
l'Abbé Batteux. Paris, 1768.

477 Hiftoire des Caufes premieres , par le
même. ibid. 1769.

478 Recherches fur l'Origine des Découvertes
attribuées aux mordernes. Paris, 1766.
2 tom. 1 vol.

479 Origine des Découvertes attribuées aux
modernes, par M. Dutens. Paris, 1776.
2 vol.

480 Querelles littéraires, ou Mémoires pour
fervir à l'Hiftoire des Révolutions de la
République de Lettres, depuis Homere
jufqu'à nos jours. Paris, 1761. 4 vol.

481 Leonardi Cozzandi Brixiani de Magiſte-
rio antiquorum philoſophorum. Genevæ,
1684.

482 Lettres ſur l'Etat préſent des Sciences &
des Mœurs, par M. Formey. Berlin,
1759. 2 vol.

483 Choix des Mémoires, & Abrégé de l'Hiſtoire de l'Académie de Berlin, 1761.
4 vol.

484 Dell' Origine e dé Progreſſi dell' Inſtituto
delle Scienze di Bologna, operetta in
grazia degli Eruditi compilata da G. G.
Bolletti. Bologna, 1751. Fig.

485 Hiſtoire du Commerce & de la Navigation des Anciens, par M. Huet. Lyon,
1763.

PHILOSOPHIE SPECULATIVE.

In - Octavo.

486* Fr. Baconis de Verulamio, de Dignitate
& augmentis Scientiarum Libri IX. Lugd.
Bat. 1645.

487 —— Novum Organum Scientiarum. Idid.
1645.

488 —— Scripta in Naturali & Univerſali Philoſophia. Amſt. Elzev, 1653.

489 —— Sylva ſylvarum, ſive hiſtoria Naturalis, & Novus Atlas. Ibid. Elzer. 1648.

490 Baconi ſermones fideles, accedunt faber
fortunæ, Colores boni & mali, &c. Lugd.
Bat. 1644.

491 Francifci Redi , nobilis Aretini, Experimenta circa res diverfas naturales , fpe-
ciatim illas , quæ ex Indiis adferuntur. Ex
Italico latinitate donata. Amft. 1675. fig.

492 Fr. Jacquier Inftitutiones Pilofophicæ.
Romæ , 1760. tom. 3. *Bis.*

493 Philofophiæ à Benedicto Stay Ragufino
verfibus traditæ Libri fex. Romæ , 1747.

494 Philofophia Methodo Scientiis propria ex-
planatæ à P. Benedicto Stattler. Aug. Vind.
1769. 8 tom. 7 vol.

495* De la Recherche de la Vérité , par N.
Malebranche. Paris, 1735 , 4 vol.

496 Œuvres du feu P. André , contenant un
Traité de l'Homme , felon les différentes
merveilles qui le compofent. Paris , 1766
4 vol.

497* De la Nature , par J. B. Robinet. Amft.
1766 , 4 vol.

498 * Vue Philofophique de la Gradation Naturelle des formes de l'Etre, ou les Effais
de la Nature qui apprend à faire l'homme, par le même. Ibid. 1768. fig.

498* Effai de Pfychologie , ou Confidérations
fur les Opérations de l'Ame , fur l'habi-
tude & fur l'éducation , auxquelles on a
ajouté des principes philofophiques fur
la caufe premiere & fur fon effet. Londres, 1755.

500 La Palingénéfie Philofophique , ou Idées
fur l'Etat paffé & fur l'Etat futur des
Etres vivans. Ouvrage deftiné à fervir de
Supplément aux derniers écrits de l'Auteur , & qui contient principalement le

précis de ſes Recherches ſur le Chriſtia-
niſme, par C. Bonnet. Geneve, 1769.
2 vol.

501 Religio Philoſophi: or, the Principles of
Morality and Chriſtianity illuſtrated from
a View of the univerſe, and of Man's
ſituation on it, by William Hay. London,
1760.

502 Vacat.

503 Eſſays on the Characteriſtics, by John
Brown. London, 1751.

504 L'Homme détrompé, ou le Criticon de
Baltazar Gracian, traduit de l'Eſpagnol.
La Haye, 1709. 2 vol.

505 Eſſai ſur la Raiſon, par Mr. de Ke-
ranflech. Paris, 1765.

506 An Eſſay on the Nature and immutabi-
lity of Truth, in oppoſition to Sophiſtry
and Scepticiſm, by James Beattie. London, 1772.

507 A free inquiry into the Nature and origin of Evil, in ſix Letters. London, 1761.

508 * Eſſai de philoſophie morale, par M. de
Maupertuis. 1751.

509 The Theory of moral Sentiments, by
Adam Smith. London, 1774.

510 Traité de la nature de l'Ame, & de l'O-
rigine de ſes connoiſſances contre le Syſ-
tême de M. Locke & de ſes partiſans.
Paris, 1759. 2 vol.

511 * Hartley's Theory of the Human Mind,
on the principle of the aſſociation of
Ideas; with Eſſays relating to the ſubject

of, it by Joseph Priestley. London, 1775.

512 Vacat.

513 An Enquiry into the Nature of the humain soul wherein it's Immortality is evinced from the principles of Reason and Philosophy ; the third edition, to which is added, a complete index. London, 1745. 2 vol.

514 A comparative view of the state and Faculties of Man with those of the Animal World. London, 1767.

515 Observations physiques & morales sur l'instinct des Animaux, leur industrie & leurs mœurs, par Hermann Samuel Reimar, traduit de l'Allemand par M. Reneaume de la Tache. Amsterd. 1770. 2 vol. *bis.*

516 Amusement philosophique sur le langage des Bêtes. Amst. 1750.

517 Tentamen Theologiæ Dùnatoscopicæ. Lugd. Bat. 1775.

518 Recueil de diverses pieces sur la Philosophie, la Religion naturelle, l'Histoire, les Mathématiques, &c. par Mrs. Leibnitz, Clarke, Newton, & autres. Lausanne, 1759. 2 vol.

519 Traité de paix en Descartes & Newton, précédé des Vies littéraires de ces deux Chefs de la Physique morderne, par le P. Paulian. Avignon, 1763. 3 vol. fig. *bis.*

520 *L'Esprit de l'Encyclopédie, ou Choix des Articles. Geneve, 1768. 5 vol.

521 Antilogies & Fragmens philosophiques. Amst. 1774. 4 vol.

542 Lettre à M. le Comte de Buffon. Befan-
çon, 1780.

522 Analyfe de quelques bons Ouvrages philofophiques. Lond. 1756. partie 2.

523 Mêlanges de phyfique & de morale. Paris,
1763.

MATHÉMATIQUE, PHYSIQUE, ET HISTOIRE NATURELLE.

In - octavo.

524 A new Syftem of Mathematics, by John
Muller. Lond. 1769. fig.

525 Geometria elementaria & practica. Lov.
1774. fig.

526 La Trigonométrie & rectiligne fphérique,
par Ulac, corrigée & augmentée par M.
Ozanam. Paris, 1720.

527 Traité d'Optique fur les Reflexions, Re-
fractions, Inflexions & Couleurs de la
lumiere, par M. Newton, traduit de
l'Anglois, par M. Cofte. Amft. 1720, 2
vol. fig.

528 Elementa Opticæ & Perfpectivæ. Lov.
1775, fig.

529 Differtation fur le principe de la moindre
action avec l'examen des Objections de
M. le Prof. Kœnig, par M. Euler. Berlin, 1753. françois & latin.

530 Petri Sigorne, Prælectiones Aftronomiæ
Newtonianæ, Tubingæ 1769 fig.—— Inf-
titutions Leibnitiennes, ou Précis de la
Monadologie. Lyon, 1768. Dans le
même vol.

531 Geographia generalis, aut. Bernh. Varenio.
Amſt., 1650.

532 Contemplation de la Nature, par C.
Bonnet. Amſt., 1764. 2 vol.

533 Phyſico - Theological Diſcourſes, by
John Ray. London, 1713.

534 Eſſai ſur les Cométes en général, & particuliérement ſur celles qui peuvent ap-
procher de l'Orbite de la terre, par M.
Dionis Duſejour. Paris, 1775.

535 La Figure de la Terre, déterminée par
les Obſervations faites par ordre du Roi au
Cercle Polaire, par M. de Maupertuis. Par.
1738.

536 De l'Origine du monde & de la terre en
particulier, par M. Wallerius. Varſ. 1780.

537 A Treatiſe on the Deluge, by Alexander
Catcott. London, 1768, fig.

538 Hiſtoire des Anciennes Révolutions du
Globe terreſtre, avec une rélation des
Tremblemens de Terre, arrivés ſur notre
Globe. Amſt. 1752. fig. *Bis.*

539 A new Theory of the Earth, from its
Original, to the Conſummation of all
things, with a large Introduction concerning the genuine Nature, ſtyle, and Ex-
tent of the Moſaick Hiſtory of the Creation, by William Whiſton. Lond. 1737. fig.

540 Lettres à un Amériquain ſur l'Hiſtoire
naturelle, générale & particuliere de M.
de Buffon. Hambourg, 1751. 5 tom. 2 vol.

541 Examen impartial des Epoques de la Nature de M. le Comte de Buffon, par
l'Abbé F. X. D. F. Luxemb. 1780.

543 Du Déplacement des Mers. Geneve, 1779.

544 The History and Philofophy of Earth-
quakes, from the remoteft to the prefent Times. London, 1757.

545 A true and particular Relation of the
dreadful Earthquake which happen'dat
Lima, the Capital of Peru, and the neigh-
bouring port of Callao, on the 28th of
October 1746. London, 1748. Fig.

546 Hiftoire Naturelle du Globe, ou Geo-
graphie Phyfique, par M. l'Abbé Sauri,
2 vol.

547 Lettres phyfiques & morales fur l'Hiftoire de la Terre & de l'Homme, adref-
fées à la Reine de la Grande-Bretagne,
par J. A. de Luc, Citoyen de Geneve.
Paris, 1779, 6 vol.

548 Géographie de la Nature, ou Diftribution
naturelle des trois Regnes fur la furface
de la terre, par M. l'Abbé Giraud-Sou-
lavie. Paris, 1780.

549 Hiftoire Naturelle de la France Méridionale, par le même. Ibid, 1780. 4 vol. Fig.

550 Hiftoire Naturelle de la Province de Languedoc, Partie Minéralogique & Géopo-
nique, par M. de Genffane. Montpellier,
1776, 3 vol.

551 Difcours en forme de Differtation fur
l'Etat actuel des Montagnes des Pyrenées,
par M. d'Arcet. Paris, 1776.

552 Introduction à l'Hiftoire naturelle & à
la Géographie phyfique de l'Efpagne;
traduite de l'Original Efpagnol de Guillaume Bowles, par le Vicomte de Fla-
vigny. Paris, 1776.   Au

553 An Account of fome German Volcanos, and their Productions, by R. E. Rafpe. London, 1776. *Bis.*

554 Juliæ & Montium fubterranea five Foffilium variorum per utrumque ducatum hinc inde repertorum fyntagma, ex Mufeo Fr. Beuth. Duffeld. 1776. fig.

555 Lettres de M. William Coxe à M. Melmoth, fur l'Etat politique, civil & naturel de la Suiffe, trad. de l'Anglois. Paris, 1781.

556 Defcription des Glacieres, par M. T. Bourrit. Géneve, 1773. Fig. —— Defcription des afpects du Mont-blanc, par le même. Laufanne, 1776.——Guillielmi Culleni, primæ lineæ Medicinalis praxeos ex Anglico Ideomatæ Latinè vertit A. B. Beerenbroek, Lugd. Bat. 1779, tout dans le même volume.

557 Defcription de l'Egypte, contenant plufieurs remarques curieufes fur la Géographie ancienne & moderne de ce pays, compofée fur les Mémoires de Monfieur de Maillet, par M. l'Abbé le Mafcrier, Paris, 1740. 2 vol. fig.

558* Telliamed, ou entretiens d'un Philofophe Indien, avec un Miffionnaire François, fur la diminution de la Mer, par M. de Maillet. La Haye, 1755, 2 vol.

559 Nouvelle Defcription du Cap de Bonne-Efperance, avec un Journal Hiftorique d'un Voyage de Terre, fait par ordre du Gouverneur feu M. Ryk, dans l'intérieur de l'Afrique., par M. Henri Hop. Amft. 1778. fig.

560 Hiftoire des Découvertes faites par divers Savans Voyageurs dans plufieurs Contrées de la Ruffie & de la Perfe. Berne, 1779. 2 vol. fig.

571 Mémoire fur les Samoïdes & les Lappons. Copenh. 1766.

562 An Account of the new Northern Archipelago, lately difcovered by the Ruffians in the feas of Kamtfchatka and Anadir, to which is added à narrative of the Adventures of four Ruffian failors. London, 1774, avec une carte enluminée. *Bis*.

563 Letters on Iceland: containing Obfervations on the Civil, Literary, Ecclefiaftical, and Natural Hiftory; Antiquities, Volcanos, Bafaltes, Hot Springs, Cuftons, Dreff, Manners of the Inhabitants, &c. &c. London 1780.

564 Defcription & Hiftoire naturelle de Groenland, par M. Egede. Copenhague, 1763. fig.

565 Lettres & Mémoires pour fervir à l'Hiftoire naturelle, civile & politique du Cap Breton. La Haye, 1760.

566 Defcription générale, hiftorique, géographique & phyfique de la Colonie de Surinam, par Philippe Fermin. Amft. 1769. 2 vol. fig.

567 Hiftoire naturelle & civile de la Californie, traduite de l'Anglois, par M. E**. Paris, 1767. 3 vol. avec la carte.

568 Les Helviennes, ou Lettres Provinciales Philofophiques. Amft. 1781.

569 Leçons de Phyfique Expérimentale, par M. R. Cotes. Paris, 1742.

570 Elemens de Physique, ou Introduction à
la Philosophie de Newton, par G. J. s'Gra-
vesande, trad. par C. F. Roland de Vir-
loys. Paris, 1747. 2 vol., fig. en marroq.
bleu doré sur tr. & pl.

571 Dictionnaire de Physique portatif, par le
Pere Aimé - Henri Paulian. Avignon ,
1760 fig.

572 Dictionnaire raisonné universel d'Histoire-
Naturelle, par M. Valmont de Bomare.
Paris, 1775. 10 vol.

573 Œuvres d'Histoire naturelle & de Philosophie de Charles Bonnet. Neuchatel,
1779. 6 vol. fig.

574 Bibliotheque de Physique & d'Histoire
naturelle. Paris, 1765. 5 vol.

575 Recueil des différens Traités de Physique & d'Histoire naturelle, par M. Des-
landes. Paris 1750. 2 vol. fig. marroq.
rouge doré sur tr. & pl.

576 Essai sur les Phénomenes, par M. Dionis du Sejour. Paris, 1776.

577 Essays and Observations, physical and
literary. Edinburgh, 1771. 3 vol. fig.

578 D. Vonder Becte, Experimenta & Meditationes, circà Naturalium Rerum Principia. Hamb. 1674. —— Joelis Lance-
lotti Epistola ad præcellentissimos Naturæ
curiosos. Ibid. 1672. dans le même vol. fig.

579 Dissertations sur l'Incompatibilité de l'At-
traction & de ses différentes Loix , avec
les phénomenes ; & sur les Tuyaux Ca-
pillaires. Par le P. Gerdil. Paris, 1754.

580 Observations curieuses sur toutes les par-

ties de la Phyſique. Paris, 1730. 3. vol.

581 Diſputatio Phyſica inauguralis, Theoriam ignis complectens. Edinb. 1779.

582 Principes d'Electricité, contenant pluſieurs Théorémes appuyés par des expériences nouvelles, avec un Analyſe des avantages ſupérieurs des conducteurs élevés & pointus, par Mylord Mahon, trad. de l'Anglois, par M. l'Abbé Needham. Brux. 1781. fig.

583 Experiments and Obſervations on different Kinds of Air, by Joſeph Prieſtley. London, 1774. fig.

584 Experiments and Obſervations on different Kinds of Air, by Joſeph Prieſtley. The ſecond Edition. London, 1775-1777. 3 vol. fig.

585 Experiments upon vegetables, diſcovering their great Power of purifying the common Air in the Sun-shine, and of injuring it in the Shade and at night, by John Ingen-Housz. London, 1779. fig.

586 Experiments and Obſervations relating to varions Branches of natural Philoſophy; with à continuation on the Obſervations on Air, by Joſeph Prieſtley. London, 1779. fig.

587 New Microſcopical Diſcoveries; containing Obſervations. London, 1745. fig.

588 Nouvelles Obſervations Microſcopiques, avec des découvertes intéreſſantes ſur la compoſition & la décompoſition des corps organiſés, par M. Needham. Paris, 1750. fig. *Bis.*

589 Vacat.

590 Idée sommaire, ou vue générale du systême physique & métaphysiqne de M. Needham, sur la génération des corps organisés. Brux., 1781.

591 Opuscules de Physique animale & végé-
tale, par M. l'Abbé Spallanzani, trad.
de l'Italien par Jean Senebier. Geneve,
1777, 2 vol. fig.

592 Vacat.

593 De l'Homme & de la réproduction des
différens Individus, par M. de Buffon.
Paris, 1761.

594 Philosophical Observations on the Analogy between the propagation of animals
and that of vegetables, by James Parsons.
London, 1752. fig.

595 Observations sur les plantes & leur ana-
logie avec les Insectes. Strasbourg, 1741.

596 Considérations sur les corps organisés,
par C. Bonnet. Amst. 1762. 2 vol.

597 Recherches intéressantes sur l'Origine, la
Formation, le Dévelopement, la Struc-
ture des diverses éspeces de vers à Tuyau,
par P. Massuet. Amst. 1733.

598 Mémoires sur la Nature sensible & irri-
table des parties du corps animal, par
M. de Haller. Lausanne, 1756. tome 1er.

599 Manuel du Naturaliste, dédié à M. de
Buffon. Paris, 1770.

600 Caroli Linnæi Oratio de necessitate pere-
grinationum intra patriam. Ejusque Elen-
chus Animalium per Sueciam observato-
rum, accedunt J. Browallii Examen Epi-
criseos Siegesbeckianæ in systema planta-

rum fexuale, & J. Gefneri Differtationes
de partium vegetationis & fructificationis
ſtructura. Lugd. Bat. 1743.

601 An Account of a Savage Girl, caught wild
in the Woods of Champagne. Edinb. 1768.

602 British Zoology. Claſs 1. Quadrupeds. 2.
Birds. 3. Reptiles ; with an Appendix, an
Eſſay on Birds of Paſſage, and an Index.
London, 1768. 3 vol. fig.

603 British Zoology illuſtrated, by Plates and
brief Explanations. Cheſter. 1770.

604 Obſervations ſur l'Ecorſe des Feuilles &
des Pétales. Geneve, 1762.

605 Dictionnaire Univerſel des Foſſiles propres, & des Foſſiles accidentels, contenant une deſcription des Terres, par
M. Bertrand. Avignon, 1763.

606 Eſſai d'une Lithographie de Mlocin, écrit
à Varſovie en 1777. *Bis.*

607 Eſſai de Chryſtallographie, ou Deſcription
des figures géométriques, par M. de Romé
de l'Iſle. Paris, 1772. fig.

608 Mélanges d'Hiſtoire - Naturelle, par M.
Alleon Dulac. Lyon, 1765, 6 vol. fig. *Bis.*

609 Dictionnaire de Chymie. Paris, 1766. 2 v.

610 Expériences Phyſiques & Chymiques, ſur
pluſieurs matieres relatives au Commerce
& aux Arts : Ouvrage traduit de l'Anglois de M. Lewis, par M. de Puiſieux.
Paris, 1768, 3 vol. fig.

611 Chemical Lectures, publickly read at
London, in the years 1731, and 1732,
and at Scarborough in 1733 ; for the Im-
provement of Arts, Trades, and natural

Philofophy, by Peter Shaw, London, 1755.

612 Elements of the Art of Affaying metals, the firft containing the Theory, the fecond, the Practice of the faid Art, by John Andrew Cramer. London, 1741. fig.

613 Expériences Phyfiques fur la maniere de rendre l'Eau de Mer potable, de conferver l'Eau douce, le Bifcuit & le Bled, & de faler les Animaux, par M. Hales. Paris, 1741. fig.

614 Mémoires fur la nature, les effets, propriétés, & avantages du feu de Charbon de Terre apprêté, par M. Morand. Paris, 1770. fig.

615 Siris; à Chain of Philofophical Reflexions and Inquiries concerning the Virtutes of Tar-water, by George Berkeley. Dublin, 1747.

616 Differtations de Jean-Philippe de Limbourg, fur les Affinités Chymiques. Liege, 1761.——Sur les nouveaux Amufemens des Eaux de Spa, Amft. 1763. —— Sur les Douleurs vagues. Liege, 1768. —— Sur les Bains d'Eau fimple. Ibid. 1766.——— Sur les effets des Eaux minérales de Spa, de l'an 1764. Ibid 1765.——Réponfe aux Lettres ridicules fur les nouveaux Amufemens des Eaux de Spa, Amfterdam, 1764, tout dans le même vol.

617 Select Effays on Husbandry, Edinburgh, 1767. fig.

618 Georgical Effays: in which a new Compoft is recommended, and the Principales of Vegetation explained. Lond. 1771. 2 vol.

619 Inftruction fur la maniere d'élever & de perfectionner les Bêtes à laine, par F. W. Haftfer. Paris, 1756, partie deuxieme.

620 J. Meurfi filii Arboretum Sacrum. Lugd. Bat. 1642.

621 Inftruction fommaire fur la maniere de cultiver les Mûriers & d'élever les Vers à Soie. Lyon, 1755. —— Réflexions fur l'Education, contre les principes de M. Rouffeau. Turin, 1763. —— Obfervations fur l'Efprit des Loix. Geneve, 1751. Tout dans le même vol.

622 Traité fur la Culture des Mûriers blancs, la maniere d'élever les Vers à Soie, & l'ufage qu'on doit faire des Cocons, par M. Pomier. Orléans, 1763. fig.

623 Mifcellaneous Tracts relating to Natural Hiftory, Husbandry, and Phyfick, to which is added the Calendar of Flora, by Stillingfleet. London, 1762. fig.

624 The general contents of the British Mufeum : with Remarks. London 1762. *Bis.*

625 Defcription méthodique d'une Collection de Minéraux, du Cabinet de M. D. R. D. L., Par M. de Romé de l'Ifle. Paris, 1773.

626 Catalogue tant du Cabinet d'Hiftoire naturelle, que de diverfes Raretés de feu S. A. R. Brux. 1781.

MÉDECINE.

MÉDECINE.

In - Octavo.

627 The Hiftory of Phyfick from the Time of Galen, to the beginning of the fixteenth Century; by J. Freind. London, 1727. 2 vol.

628 Nouveaux Elémens d'Anatomie raifonnée. Paris, 1749. fig.

629 Specimen novi Medicinæ confpectus. Editio altera plurimùm aucta. Parif. 1751.

630 Inftitutiones medicæ ex novo Medicinæ confpectu. Lut. Parif. 1755.

631 Inftitutiones Pathologiæ medicinalis, auctore H D. Gaubio. Leidæ-Bat. 1763.

632 Thomæ Sydenham Opera univerfa. Lugd. Bat. 1741.

633 De la Génération des Vers dans le corps de l'Homme, par M. Audry. Paris, 1741. 2 vol. fig.

634 An experimental Enquiry concerning the caufes which have generally been faid to produce putrid difeafes, by William Alexander. London, 1771.

635 A Treatife of the Gout. by John Colbatch. London, 1697.

636 Traité méthodique de la Goutte & du Rhumatifme, par M. Ponfart. Paris, 1778.

637 Remarques fur la Paralyfie & l'Amputation, par M. Percivall Pott. Brux. 1779.

638 Differtatio medica inauguralis de Hydro-
cephalo interno. Edinb. 1779.

639 Mechanical account of Poifons in feve-
ral Effays, by Richard Mead. London,
1709. fig.

640 Ratio occurrendi Morbis à Mineralium
abufu produci folitis ; auctore T. P. Cacls.
Amft. 1781.

641 Vacat.

642 Catalogue des Remedes dont on peut
s'approvifionner pour avoir une caffette
de Pharmacie bien fournie. Par. 1765.

643 Vacat.

644 Recueil de tous les Mémoires de Médecine, Botanique, Phyfique, Hiftoire naturelle, Chymie, Anatomie & Chirurgie,
qui fe trouvent difperfés dans les Collections Académiques de Paris, de St. Pétersbourg, de Berlin & de Harlem. Année
1765. Anvers, 1770.

HISTOIRE.

HISTOIRE GENERALE ET PARTICULIERE.

In - Octavo.

645 Traité des différentes fortes de Preuves
qui fervent à établir la vérité de l'Hiftoire, par le R. P. Henri Griffet. Liege,
1770.

646 Thomæ Lydiat Canones Chronologici,
nec non feries fummorum Magiftratuum
& Triumphorum Romanorum. Opus pofthumum. Oxonii, 1675.

647 Difcours fur l'Hiftoire univerfelle, par
M. J. B. Boffuet, Paris, 1759. 2 vol.

648 Idem Ibid. 1780. Part. Ie.

649 *Johannis Cluverii Hiftoriarum totius Mundi Epitome, à prima rerum origine ufque ad annum Chrifti 1630. Lugd. Bat.
1639.

650 Dionyfii Petavii Rationarium temporum.
Col. 1720. 3 vol.

651 Abrégé chronologique de l'Hiftoire uni-
verfelle, depuis les premiers Empires du
Monde, jufqu'à l'année 1725 de l'Ere
Chrétienne. Amft. 1766.

652 An univerfal Hiftory, from the earlieft
account of Time to the prefent. Dublin,
1744. 5 vol fig. manque vol. I.

653 The ancient Hiftory, by M. Rollin. Dublin, 1738. vol. 3.

654 Hiftoire véritable des Tems fabuleux,
par M. Guerin du Rocher. Par. 1776. 3
vol. fig.

655 Hiftoire véritable des Tems fabuleux, con-
firmée par les Critiques. par M. l'Abbé
Ch***. Liege, 1779.

656 Hiftoire des Celtes, & particuliérement
des Gaulois & des Germains, par Simon
Pelloutier, nouvelle édition, par M. de
Chiniac. Paris, 1770. 8 vol.

657 Tableau des Révolutions de l'Europe,
depuis le bouleverfement de l'Empire

d'Occident jufqu'à nos jours. Laufanne, 1771.

658 Hiftoire générale de l'Afie , de l'Afrique & de l'Amérique , par M. L. A. R. Par. 1770-1775. 15 vol. avec des Cartes géographiques.

659 Abrégé chronologique de l'Hiftoire d'Efpagne & de Portugal. Par. 1765. 2 vol. marroq. vert doré fur tr. & pl.

660 Les Mœurs, Coutumes & Ufages des anciens Peuples, pour fervir à l'éducation de la Jeuneffe de l'un & de l'autre fexe. Paris, 1770. 3 vol,

661 Anecdotes Angloifes, depuis l'établiffement de la Monarchie jufqu'au regne de Georges III. Paris , 1769.

662 Anedotes Françoifes, depuis l'établiffement de la Monarchie jufqu'au regne de Louis XV. Paris , 1768.

663 Anecdotes Italiennes, depuis la deftruction de l'Empire Romain en Occident jufqu'à nos jours. Paris, 1769.

664 Anecdotes Germaniques , depuis l'an de la fondation de Rome 648 , & avant l'Ere chrétienne 106, jufqu'à nos jours. Paris, 1769.

665 Anecdotes du Nord, comprenant la Suede, le Danemarck, la Pologne & la Ruffie, depuis l'origine de ces Monarchies jufqu'à préfent. Paris , 1770.

666 Anecdotes Arabes & Mufulmanes, depuis l'an de J. C. 614 jufqu'à l'extinction totale du Califat en 1538. Paris , 1772.

667 Anecdotes Américaines , ou Hiftoire abré-

gée des principaux événements arrivés dans le Nouveau-Monde, depuis la découverte jufqu'à l'époque préfente. 1776.

668 Effai fur cette Queftion : Quand & comment l'Amérique a t-elle été peuplée d'hommes & d'animaux ? par E. B. &c. Amft. 1767. 5 vol.

669 Mémoire dans lequel on prouve que les Chinois font une Colonie Egyptienne, par M. De Guignes. Par. 1759.

670 Idem. Ibid. 1760.

671 Hiftoire de l'Afrique & de l'Efpagne, fous la domination des Arabes, par M. Cardonne. Par. 1765. 3 vol.

672 * Hiftoire des Inquifitions. Cologne, 1759. 2 vol. fig.

673 Hiftoire de l'Abolition de l'Ordre des Templiers. par. 1779.

674 Britannicarum Gentium Hiftoriæ antiquæ Scriptores tres : Ricardus, Gildas & Nennius. Hauniæ, 1757. fig.

675 An Hiftory of England, in a feries of Letters from a Nobleman to his fon. London, 1772. 2 vol.

676 Nouveaux Eclairciffemens fur l'Hiftoire de Marie, Reine d'Angletrre, fille aînée de Henri VIII. Amft. 1766.

677 Hiftoire des Rois Catholiques, Ferdinand & Ifabelle. Par. 1766. 2 vol. marroq. vert doré fur tr. & pl.

678 Tableau de l'Hiftoire de France, depuis le commencement de la Monarchie jufqu'à la fin du Regne de Louis XIV. in-

clufivement. par. 1766. 2 vol. marroq.
vert, doré fur tr. & pl.

679 Hiftoire de Saint Louis, Roi de France,
avec un abrégé de l'Hiftoire des Croifades,
par M. de Bury. Paris, 1775. 2 vol.

680 La Minorité de Saint Louis, avec l'Hiftoire de Louis XI. & de Henri II. par
Varillas. La Haye, 1685. 2 tom 1 vol.

681 L'Efprit de la Ligue, ou Hiftoire politique des Troubles de France , pendant
les XVIe. & XVIIe. fiecles. Par. 1767.
3 vol.

682 Mémoires politiques & militaires, pour
fervir à l'Hiftoire de Louis XIV & de
Louis XV, par M. l'Abbé Millot. Paris,
1777. 6 vol.

683 Mémoires du Maréchal de Berwick écrits
par lui-même. Paris, 1778. 2 vol. fig.

684 Hiftoire de Tancrede de Rohan, avec
quelques autres pieces concernant l'Hiftoire de France & l'Hiftoire Romaine.
Liege , 1767.

685 Hiftoire du Regne de l'Empereur Char-
les-Quint, par M. Robertfon. Amft. 1771.
tom. 3. 4. 5. & 6.

686 Abrégé de l'Hiftoire de la Hollande & des
Provinces-Unies, depuis les tems les plus
anciens jufqu'à nos jours ; par M. L. G.
F. Kerroux. Leide , 1778. 4 vol.

687 Hiftoire du Comté de Namur, publiée
en 1754 par le P. J. B. De Marne , avec
des Remarques hiftoriques & critiques par
J. N. Paquot. Brux. 1781. 2 vol.

688 * Mémoires pour fervir à l'Hiftoire de
Brandebourg. 1750.

689 Introduction à l'Histoire de Danemarck,
par M. Mallet. Gen. 1763. 6 vol.

690 Lettres sur le Danemarck, nouv. édit.
Geneve, 1758.

691 Lettres du Comte Algarotti sur la Ruffie;
traduites de l'Italien. Lond. 1769. *Bis*.

692 Les mêmes Lettres. Neuchâtel, 1770.

693 Hiftoire & Anecdotes de la Vie, du Regne,
du Détrônement & de la Mort de Pierre
III, écrites en forme de Lettres, par M.
de la Marche. Lond. 1766.

694 Le Faux Pierre III, ou la Vie & les Aventures du Rebelle Jemeljan Pugatfchew,
avec le Portrait de l'Impofteur, & des
Notes hiftoriques & politiques. Londres,
1775.

695 Hiftoire de la derniere Guerre entre les
Ruffes & les Turcs, par M. de Kéralio.
Paris, 1777. 2 vol.

696 Hiftoire de l'Empire Ottoman, où fe voient
les caufes de fon aggrandiffement & de
fa décadence, avec des Notes très-inf-
tructives, par J. A. J. Demetrius Cantimir,
trad. en François par M. de Joncquieres.
Paris, 1743.

697 Athenes ancienne & nouvelle, & l'état
préfent de l'Empire des Turcs, par le
Sr. de la Guilletiere. Paris, 1676. fig.

698 A Compleat Hiftory of the piratical States
of Barbary Viz, Algiers, Tunis, Tripo-
li, and Morocco, by a Gentleman.
London, 1750. fig.

699 Etat général & particulier du Royaume

& de la Ville d'Alger, par M. Le Roy,
La Haye, 1750.

700 Histoire des Conquêtes de Mouley Ar-
chy, connu sous le nom de Roi de Ta-
filet, par le Sr. G. Mouette. Paris, 1683.

701 A Philosophical survey of the South of
Ireland, in a series of Letters to John
Watkinson. London, 1777. fig.

702 The antient and present State of the county
and City of Waterford, by Charles Smith,
Dublin, 1746. fig.

703 The antient and present State of the
county and City of Cork, by Charles
Smith. Dublin, 1750. 2 vol. fig.

704 Essais historiques sur Paris, de Mr. de
Saint-Foix. Londres, 1754. 5 parties. 3
volum.

705 Lud. Nonii Hispania, sive Populorum,
Urbium, Insularum, ac Fluminum in ea
accuratior Descriptio. Antv. 1607.

706 Etat présent du Royaume de Portugal,
en l'année 1766. Lauf. 1775.

707 Letters from Italy, describing the Manners, Customs, Antiquities, Paintings,
&c. of that country, in the years 1770
and 1771. Lond. 1776. vol. II.

708 Les délices de la Suisse. Basle, 1764.
tom. II. fig.

709 Histoire naturelle de la Suisse dans l'ancien Monde, par M. Grouner. Neuchâtel, 1776.

710 Histoire des Indes Orientales, par M. Sou-
chu de Rennefort. Leide, 1688.

711 A new History of the East-Indies, ancient

(81)

cient and modern. Lond. 1757. 2 vol. fig.

712 Hiftoire civile & naturelle du Royaume
de Siam, par M. Turpin. Paris, 1771.
2 vol.

713 Fragments fur l'Inde, & fur le Général
Lalli. 1773.

714 Mémoires pour fervir à l'Hiftoire de
Cayenne & de la Guyane Françoife,
par M. Bajon. Paris, 1777. 2 vol. fig.

VOYAGES.

In-octavo.

715 Le Voyageur François, ou la Connoif-
fance de l'ancien & du nouveau monde.
Paris, 1765. 2 vol.

716 A new Voyage round the World, by
William Dampier. Lond. 1697. fig.

717 Mr. Dampier's Voyages. London, 1705.
vol. 2. fig.

718 Voyage round the World, in the years
1740, 41, 42, 43, and 44; by George
Anfon: published under his direction, by
Richard Walter. London, 1748. fig.

719 Jacobi Stellini de ortu & progreffu Mo-
rum, atque Opinionum ad Mores per-
tinentium fpecimen. Venetiis.——Voyage
round the World, in his Majefty's ship
the Dolphin commanded, by the Com-
modore Byron. London, 1767 fig. Dans
le même volume.

L

(82)

720 Journal of Captain Cook's laft Voyage
to the Pacific Ocean, on difcovery;
performed in the years 1776, 77, 78,
and 79. London, 1781. fig.

721 Letters from a Gentleman in the North
of Scotland to his friend in London;
containing the Defcription of a Capital
Town in that Northern Country. Lond.
1754. 2 vol. fig.

722 Journey to the Weftern Iflands of Scotland. London, 1775.

723 Journey from London to Genoa through
England, Portugal, Spain and France,
by Jofeph Baretti. London, 1770. 4 vol.

724 Lettres d'un Voyageur Anglois. Geneve,
1779. marr. rouge doré fur tr. & pl.

725 Jodoci Sinceri Itinerarium Galliæ. Amft.
1755. fig.

726 Travels trough Italy, in the years 1771
and 1772; by J. J. Ferber. Tranflated
from the German, by R. E. Rafpe. Lond.
1776.

727 Voyage d'un François en Italie, fait dans
les années 1765 & 1766. Venife, 1769.
8 vol. avec un volume de Cartes relatives à ce voyage.

728 Voyages d'Italie & de Hollande, par M.
l'Abbé Coyer. Paris, 1775. 2 vol.

729 Voyages & Aventures du Chevalier de***.
en différentes parties de l'Europe jufqu'à
fon retour en France. Amft. 1776. 4 vol.

730 Journal du Voyage de Michel de Mon-
taigne en Italie, par la Suiffe & l'Allemagne en 1580 & 1581. avec des Notes

par M. de Querlon. Rome, 1774. 3 vol.

731 Travels through the Bannat of Temef-
war, Tranfylvania, and Hungary, in
the year 1770; by Baron Inigo Born;
tranflated from the German, by R. E.
Rafpe.

732 Voyage du Sieur Paul Lucas au Levant.
Paris, 1704. 2 vol. fig.

733 Voyages dans le Levant, dans les années 1749, 50, 51 & 52, par Fréd.
Haffelquift. Paris, 1769. 2 tom. 1 vol.

734 Mémoires de M. de la Rocque, contenant fes Voyages & Aventures en Turquie, en Perfes, aux Echelles du Levant, &c. La Haye, 1754. 2 vol.

735 Itinéraire de l'Arabie déferte, ou Lettres fur un Voyage de Baffora à Alep,
par le grand & le petit Défert, fait en
1750. par Mrs. Plaifted & Eliot; traduit
de l'Anglois. Londres, 1759. en marr.
rouge doré fur tr. & pl.

736 Voyage to the Eaft-Indies in 1747 and
1748. London, 1762. fig. *bis.*

737 Voyage de M. Olof Torée aux Indes
Orientales. Milan, 1771. *bis.*

738 Voyage de l'Ifle de France, à l'Ifle de
Bourbon, au Cap de Bonne-Efpérance,
&c., par un Officier du Roi. Amfterd.
1773. 2 vol. fig.

739 Effais hiftoriques fur l'Inde, prédédés
d'un Journal de Voyage & d'une Defcription géographique de la Côte de Co-
romandel, par M. de la Flotte. Paris,
1769. fig.

740 Relation ou Voyage de l'Ifle de Ceylan, par Robert Knox. Lyon, 1693. 2 vol. fig.

741 A Voyage to China and the Eaft-Indies, by Peter Osbeck. London, 1771. 2 volum. fig.

742 Voyages & Découvertes faites par les Ruffes, le long des Côtes de la Mer glaciale & fur l'Océan Oriental. On y a joint l'Hiftoire du Fleuve Amur, trad. de l'Allemand de M. Muller, par C. G F. Dumas. Amft. 1766. 2 tom. 1 vol. fig.

743 Aventures du Sr. C. le Beau, ou Voyage curieux & nouveau, parmi les Sauvages de l'Amérique Septentrionale. Amft. 1738, 2 vol. fig.

744 Travels into North-America, containing its natural Hiftory, and a circumftantial accunt of its Plantations and Agriculture in general, by Peter Kalm, tranflated into English by John Reinhold Forfter. Warrington, 1770. 3 vol. fig.

745 Travels through the middle Settlements in North-America, in the years 1759 and 1760, by the Rev. And. Burnaby. Lond, 1775.

746 Voyages de François Corèal aux Indes Occidentales, trad. de l'Efpagnol. Amft. 1722. 3 vol. fig.

747 A Voyage to Peru, performed by the Conde of St. Malo, in the years 1745, 46, 47, 48 and 49. Lond. 1753. marr. rouge, doré fur tr. & pl.

748 Nouveau Voyage fait au Pérou, par M.

l'Abbé Courte de la Blanchardiere ; on
y a joint une Description des anciennes
Mines d'Espagne, trad. de l'Espagnol
d'Alonso-Carillo-Lazo. Paris, 1751. fig.

VIES D'HOMMES
CÉLEBRES.

In-octavo.

749 Abrégé des Vies des anciens Philosophes,
avec un Recueil de leurs plus belles maximes, par M. D. F. Paris, 1740.

750 Histoire littéraire des Troubadours, contenant leurs Vies. Paris, 1774. 3 vol.

751 Vie d'Erasme, par M. de Burigni. Paris,
1757. 2 vol.

752 * La Vie & les sentimens de Lucilio Va-
nini. Rott. 1717.

753 Vie du Vénérable Dom Jean de Palafox.
Cologne, 1767. fig.

754 Histoire de la Vie de Messire François
de Salignac de la Motte-Fénélon. Brux.
1724.

755 Histoire de la Vie & des Ouvrages de
M. de la Motte-Fénélon. Amst. 1729. *bis.*

756 * Histoire de M. Bayle & de ses Ouvrages, par M. de la Monnoye. Amst. 1716.

757 Mémoires sur la Vie de M. le Comte de
Marsigli, par Mr. L. D. H. D. Quincy.
Zurich, 1741. 4 vol.

758 The History of the Life of Nader Shah,
King of Persia, by William Jones. Lond.
1773.

759 The Life of Alexander Pope, compiled from original manuscripts; with a critical Essay on his Writings and Genius, by Owen Ruffhead. Lond. 1769.

760 Remarks on the Life and Writings of Dr. Jonathan Swift. London, 1752.

761 The History of the life and Adventures of M. Duncan Campbell. London, 1720. fig.

762 Memoirs of the life and Times, of Sir Thomas Deveil. London, 1748. avec quatre autres pieces dans le même volume.

763 Memoirs of the Life of his Grace Philip late Duke of Wharton. London, 1771.

764 Histoire de la Conversion du Comte J. F. Struensée, & traduit par Mad. De la Fite. Amst. 1774. partie 2e.

765 Eloge historique de Suger, par G. M. D. C. Amst. 1779.

766 Eloge de Vigile de Zuichem d'Aytta, par M. O Sullivan. Brux. 1781.

SCIENCES POLITIQUES

ET ECONOMIQUES,

In-Octavo.

767 De optimo Reipublicæ Statu, deque nova Insula Utopiæ; auctore Thoma Moro. Glasguæ, 1750. en marroq. rouge doré sur tr. & pl.

768 An Essay on the Origin, Progress and

Establishment of National Society; by
J. Shebbeare. London, 1776.

769 * Le Prince de Fra-Paolo, par le P. Paul
Sarpi. Berlin, 1751.

770 Anti-Machiavel, ou Essai de Critique
sur le Prince de Machiavel, publié par
M. de Voltaire. La Haye, 1740. en marr.
citron doré sur tr. & pl.

771 * Recherches sur l'origine du Despotis-
me Oriental. 1763.

772 * De l'Esprit des Loix. Geneve, 1750.
tom. 1 & 3.

773 * Commentaire sur l'Esprit des Loix, de
Montesquieu; par M. de Voltaire. 1778.

774 * Défense de l'Esprit des Loix. Geneve,
1750.

775 * Traité des Délits & des Peines, trad. de
l'Italien. 1766.

776 * Traité des Délits & des Peines, trad. de
l'Italien; on y a joint plusieurs pieces
très-intéressantes pour l'intelligence du
Texte, par Mr. C. D. L. B. Paris, 1773.

777 L'Esprit de la Législation, par M. le Baron de Creutz. trad. de l'Allemand par
J. F. Jungert. Londres, 1769.

778 Traité historique de l'Election de l'Empereur, avec les Cérémonies qui s'y observent; la Bulle d'or, & tout ce qui concerne les Fonctions & Prérogatives des
Electeurs. Amst. 1741. 2 vol.

779 Commentaires sur les Loix Angloises, de
M. Blackstone, trad. de l'Anglois par M.
D. G***. Brux. 1774. 6 vol.

780 The true Briton; in which the State, Cons-

titution and Interest of Great-Britain will be considered, both in general and in particular. Lond. 5 vol.

781 The Works of Francis Osborn Esq. Lond. 1689.

782 Dissertation upon Parties; in Several Letters to Caleb d'Anvers. London, 1743.

783 The History of the excellence and decline of the Constitution, Religion, Laws, of the Sumatrans, and of the Restoration thereof in the Reign of Amurath the Third. London. 2 vol.

784 The Memoirs of John Ker, of Kersland in North-Britain, containing his secret Transactions and Negotiations in Scotland, England, the Courts of Vienna, Hannover, and other foreign parts. Lond. 1726.

785 An Adress to the Public, on the expediency of a regular Plan for the Maintenance and Government of the Poor, by Richard Woodward. Dublin, 1775.

786 The History of the Customs, Aids, Subsidies, National Debits, and Taxes, of England, from William the conqueror, to the present year 1778, by T. Cuningham. London, 1778.

787 Common-Place Arguments against Administration, with obvious Answers. Lond. 1780.

788 A general charge to all Grand-Juries, by James Astray. 1703.

789 Observations sur la Noblesse & le Tiers-Etat. Amst. 1766. 2 vol.

790 Histoire du Parlement de Paris, par M.
l'Abbé Big... Amst. 1769. 2 tom. 1 vol.

791 Projets d'Ecoles publiques, qui répon-
dront aux vœux de la Nation, & dont
l'exercice n'exige que quatre Profeſſeurs.
Bordeaux.

792 Abrégé des Cauſes célebres & intéreſſantes, avec les Jugemens qui les ont dé-
cidées, par le Sr. P. F. Besdel. Londres,
1777. 3 vol.

793 Doutes propoſés aux Philoſophes Eco-
nomiſtes ſur l'ordre naturel & eſſentiel
des Sociétés politiques, par M. l'Abbé
de Mably. La Haye, 1768.

794 * Conſidérations ſur l'Edit de Décembre
1770.——Remontrances d'un Citoyen aux
Parlemens de France. 1771. —— Réflexions d'un Citoyen ſur l'Edit de Décembre 1770. —— Réponſe à la Lettre
d'un Magiſtrat à un Duc & Pair, ſur le
Diſcours de M. le Chancellier au Lit de
Juſtice, du 7 Décembre 1770. —— Obſervations ſur l'Ecrit intitulé : Proteſta-
tion des Princes. —— Lettres Américaines ſur les Parlemens 1770 & 1771.
—— Ménippé reſſuſcité, ou l'Aſſemblée
tumultueuſe. —— Le Songe d'un jeune
Pariſien. —— La tête leur tourne. —— Ap-
parition du Cardinal Albéroni. Tout dans
ce volume.

795 Conſidérations ſur les Finances d'Eſpagne.
Dreſde, 1753.

796 Vacat.

797 Vacat.

M

798 Essai sur le Commerce de Russie, avec
l'Histoire de ses Découvertes. Amst. 1777.
799 Tableau historique & politique de la Suisse, trad. de l'Anglois. Fribourg, 1766.
800 Lettres, Mémoires & Négociations par-
ticulieres du Chevalier d'Eon. Londres,
1764.
801 Lettres du Chevalier Robert Talbot, de
la suite du Duc de Bedford à Paris en
1762, sur la France, comme elle est dans
ses divers Départemens, par Mr. Mau-
bert. Amst. 1766. 2 vol.
802 Analyse de l'Histoire philosophique &
politique des Etablissemens & du Commerce des Européens dans les deux Indes. Leide, 1775.
803 La Richesse de la Hollande, Ouvrage
dans lequel on expose l'origine du Commerce & la Puissance des Hollandois,
&c. Lond. 1778. 2 vol.
804 La Hollande au XVIIIe. siecle, ou Nouvelles Lettres, contenant des remarques
& des observations sur cette Province.
La Haye, 1779.
805 Lettres sur la Hollande. La Haye, 1780.
2 vol.
806 Etat présent des Indes Hollandoises, contenant une Peinture vraie & fidelle du
Gouvernement, &c. Batavia.
807 Etat civil, politique & commerçant du
Bengale, ou Histoire des Conquêtes &
de l'Administration de la Compagnie Angloise dans ce Pays. Maëstricht, 1775.
2 tom. 1 vol.

808. Pensées sur la Révolution de l'Amérique-Unie. Amst.

809 Les Prophéties de Paul - Jones ; y joint le Rêve d'un Suisse sur la Révolution de l'Amérique.

810 A Memorial, most humbly addressed to the Sovereigns of Europe, on the present State of Affairs, between the old and new World. Lond. 1780.

811 Dissertations historiques, politiques & littéraires, par le Comte Octavien de Guasco. Tournay, 1756. 2 vol.

812 A Treatise of Military Discipline, in which is laid down and explained the Duty of the Officer and Soldier, thro' the several Branches of the service, by Humphry Bland. Lond. 1727. fig.

813 Dictionnaire militaire, ou Recueil alphabétique de tous les Termes propres à l'art de la Guerre, sur ce qui regarde la Tactique, le Génie, l'Artillerie, la subsistance des Troupes & la Marine, par Mr. A. D. L. C., & le Supplément. Paris, 1745. 3 vol. marr. citron, doré sur tr. & pl.

814 Exercise for the Horse, Dragoons, and Foot Forces. Lond. 1728.

815 Journal historique du Siege de la Ville & de la Citadelle de Turin, l'année 1706. Amst. 1708. fig.

816 Livre utile aux Négocians de l'Europe, par M. Serré. Tournay, 1767.

817 Baldwin's new complete Guide to all Persons who have any trade or concern

with the City of London, and parts adjacent. 1768.

818 Lifte générale des Poftes de France, Paris, 1751.

819 Carte géographique des Poftes de France, enluminée, collée fur toile, dans un étui.

820 * Hiftoire de l'Etabliffement des Moines mendians. Avignon, 1767.

821 The fecret Policy of the English Society of Jefus. Lond. 1715. *Bis.*

822 Lettres édifiantes & curieufes fur la Vifite Apoftolique de M. de la Baume, par M. Favre. Venife, 1753. 2 vol.

823 Apologie de l'Inftitut des Jéfuites, 1763. tom. 2.

824 Sur la Deftruction des Jéfuites en France, 1765.

825 Réponfe de l'Auteur de l'Examen de la Poffeffion de Landes à la Lettre de M. De ***. P. A. P. D. N., pour fervir de fuite au Pour & Contre. Antioche, 1739.

826 Le Pour & Contre de la Poffeffion des Filles de la Paroiffe de Landes, Diocefe de Bayeux, avec la Réponfe de l'Auteur de l'Examen de la même Poffeffion. Ibid, 1738. 2 part. 1 vol.

PHILOLOGIE.

ŒUVRES MÊLÉES,

Principalement des Incrédules modernes.

827 * Œuvres mêlées du Philofophe de Sans-
Souci, Berlin, 1760. 3 tom. 1 vol.

828 * La Philofophie du Bon-Sens, ou Réflexions philofophiques, par le Marquis
d'Argens. La Haye, 1747. Tom. 1r.

829 * Chinefe Letters, by the Marquis d'Argens. London, 1741.

830 * Telliamed ou Entretiens d'un Philofophe Indien, par J. A. G. Amft. 1748.
tom. 2.

831 * De la Nature. Amft. 1761.

832 Vacat.

833 Vacat.

834 * La Philofophie de l'Hiftoire, par feu
l'Abbé Bazin. Amft. 1765.

835 * Lettres fur l'Encyclopédie, pour fervir
de Supplément aux fept volumes de ce
Dictionnaire. Amft. 1764. —— Les Quakers à leur frere V***. Lettres plus philofophiques.... que *** fur la Religion
& fes Livres, &c. Londres, 1768. Dans
le même volume.

836 * Nouveaux Mélanges philofophiques,
hiftoriques & critiques, par M. de Voltaire. Geneve, 1765. 3 vol.

237 * Differtation fur les Changemens arrivés dans notre Globe & fur les Pétrifications, par le même. Amft. 1762.

838 * Contes de Guillaume Vadé. 1764.

839 * Hiftoire du Docteur Akakia, & du Natif de S. Malo. Berlin, 1753.

840 * Zadig : or, the Book of Fate, an Oriental Hiftory, tranflated from the french original of M. Voltaire. Lond. 1749.

841 * Poliergie, ou Mêlange de Littérature & de Poéfies, par M. V***. Amft. 1757.
—— Recréations littéraires, par C. R***, Lyon, 1766. Dans le même volume.

842 Hau-Kiou-Choaan, Hiftoire Chinoife, trad. de l'Anglois par M***. Lyon, 1766. 4 vol. fig.

843 Commentaire fur la Henriade, par feu M. de la Beaumelle; revu & corrigé par M. F... Berlin, 1776. 2 vol.

844 Lettres de M. de la Beaumelle, à M. de Voltaire. Londres, 1763.

845 * Les Œuvres de M. Rouffeau. Amft. 1712. 3 vol.

846 * Œuvres diverfes de J. J. Rouffeau de Geneve. Geneve, 1756. 2 vol.

847 * Œuvres choifies de M. Rouffeau. Paris, 1744.

848 Lettres de Rouffeau fur différens fujets de Littérature. Geneve, 1750. 5 vol.

849 * Du Contrat focial, ou Principes du Droit politique, par J. J. Rouffeau. Amft. 1762.

850 * Les Penfées de J. J. Rouffeau, citoyen de Geneve. Amft. 1766. 2 vol.

851 Les Plagiats de J. J. R. de Geneve, sur
l'Education, D. J. C. B. La Haye, 1766.

852 Lettre d'un Anonyme à J. J. Rousseau.
Lond. 1765

853 Rousseau Juge de Jean - Jacques, Dialogue, d'après le manuscrit de M. Rousseau laissé entre les mains de M. Brooke
Boothby. Lichfield, 1780.

854 * L'Examen important de Milord Bolingbroke, écrit sur la fin de 1736, imprimé
en 1767.

855 * Le Génie de Montesquieu. Amst. 1760.

856 * Apologie de Mr. l'Abbé de Prades.
Amst. 1753. 2 tom. 1 vol.

857 * Essais philosophiques sur l'Entendement
humain, par M. Hume. Amsterd. 1758.
tom. 2.

858 * Four Dissertations by David Hume. London, 1757.

859 * Mémoires philosophiques du Baron de***.
Vienne 1778. tom. 2e.

860 * Les Prêtres démasqués, ou des Iniqui-
tés du Clergé Chrétien, ouvrage trad. de
l'Anglois. Londres, 1768.

SATYRES, ROMANS - MORAUX,
ET MÉLANGES DE MORALES.

In - octavo.

861 * Epistolæ obscurorum Virorum, avec
la Complainte de M. Pierre Liset, sur
le Trépas de son feu Nez. Lond. 1742.

862 Lettres familieres de M. de Balzac. Leide Elzev. 1656.

863 * Miscellanies upon divers subjects, by John Aubrey. Lond. 1721.

864 Le Comte de Gabalis, ou Entretiens sur les Sciences secretes, par l'Abbé de Villars. Londres, 1742. 3 tom. 2 vol.

865 The Spectator. Lond. 1747. 8 vol. manque le 1r. & 7e. vol.

866 An Estimate of the Manners and Principles of the Times. Lond. 1757.

867 Dialogues des Morts anciens & modernes, avec quelques Fables, par M. de la Motte-Fénélon. Paris, 1728. 2 vol.

868 Moral and political Dialogues between divers eminent Persons of the past and present age; with critical and explanatory Notes by the Editor. Lond. 1760.

869 Dialogues of the Dead with the Living. Lond. 1779.

870 Œuvres diverses de M. de Fontenelle. Paris, 1724, 3 vol.

871 L'Esprit de Fontenelle. La Haye, 1744.

872 Lettres de M. de Maupertuis. Berlin, 1753.

873 Lettres familieres du Président de Montesquieu, Baron de la Brede, à divers Amis d'Italie. Rome, 1767.

874 Quatre Dialogues. Paris, 1684.

875 * Lettres de Madame la Marquise de Pompadour. Londres, 1771, 2 tom. 1 vol.

876 La Laïs philosophe, ou Mémoires de Madame D****, & ses Discours à M. de Voltaire sur son impiété, &c. Bouillon, 1760.

877

877 Johnsoniana : or , a Collection of bons-
Mots , &c. by Dr. Johnson , and others.
Lond. 1777.

878 Travels into several remote Nations of
the World; by Lemuel Gulliver. Lond.
1748. Vol. 2.

879 Voyage de Nicolas Klimius dans le monde
souterrain , contenant une nouvelle Théorie de la Terre , & l'Histoire d'une cin-
quieme Monarchie inconnue jusqu'à présent. Ouvrage tiré de la Bibliotheque de
M. B. Abelin , & traduit du Latin par
M. de Mauvillon. Copenhague , 1753.

880 * Le Voyageur Philosophe dans un Pays
inconnu aux habitans de la Terre , par
M. de Listonay. Amst. 1761. 2 vol.

881 Jo. Burch. Menckenii de Charlataneria
Eruditorum Declamationes duæ , cum Notis Variorum. Amst. 1747.

882 Miscellanies : containing Martinus Scri-
blerus his Treatise of the Art of Sinking
in Poetry , &c. London , 1727.

883 La Vie & les Opinions de Maître Sébal-
tus Nothanker. Londres , 1774. 3 vol.

884 Socrates out of his senses : or , Dialogues
of Diogenes of Sinope. London , 1771.
Tom. 2.

885 Les deux Chrysippes , ou le Stoïcien dé-
masqué. Leyde.

886 * Satyre Ménippée de la vertu du Catho-
licon d'Espagne. Ratisbonne , 1721. 3
vol. fig.

887 * Les Provençales ou les Lettres écrites
par Louis de Montalte à un Provençal

N

de ſes Amis , & aux RR. PP. Jéſuites.
Col. 1685.

888 Hiſtoire du Différend entre les Jéſuites &
M. de Santeul. Liege, 1647.

889 Les Démêlés de M. l'Abbé de S. Martin , avec Mrs. de Laſſon & d'Engran-
ville, &c. La Haye , 1739.

890 La Mandarinade, ou Hiſtoire comique
du Mandarinat de Mr. l'Abbé de St. Martin. La Haye , 1738.

891 The Hiſtory of Reynard the Fox & Bruin
the Bear. Lond. 1756.

892 Satyres du Prince Cantemir , traduit du
Ruſſe en François, avec l'Hiſtoire de ſa
Vie. Lond. 1750.

893 Alfred, Roi des Anglois-Saxons , par M.
le Baron de Haller, trad. de l'Allemand.
Berne , 1775.

894 Uſong , Hiſtoire Orientale, par M. le Baron de Haller , trad. de l'Allemand. Paris , 1772.

895 The Fool of Quality : or , the Hiſtory of
Henry Earl of Moreland, by M. Brooke.
Lond. 1767 , 5 vol.

896 Euphémie , ou le Triomphe de la Religion, Drame, par M. d'Arnaud. Par. 1768.

897 Contes moraux , par Mad. le Prince de
Beaumont. Maëſtricht , 1774.

898 Variétés philoſophiques & littéraires. Londres , 1762.

899 Penſées philoſophiques, morales & politiques , Ouvrage de main de Maître.
Nancy , 1768.

900 *De l'Amérique & des Américains , ou

Obſervations curieuſes du Philoſophe la Douceur. Berlin, 1771.

901 Vacat.

902 * Œuvres diverſes de M. Abauzit, contenant ſes Ecrits d'Hiſtoire, de Critique & de Théologie. Londres, 1773. 2 tom. 1 vol.

903 Les Nouveaux Hommes, ou le Siecle corrigé, par M. Gaud *. Geneve, 1760 —— Les Nouvelles Femmes, ou Suite du Siecle corrigé, par le même. Ibid. 1761. Dans le même vol.

904 An Index to Mankind : or, Maxims ſelected from the Wits of all Nations. Dublin, 1754.

905 Mêlanges ſérieux & comiques. Belleforeſt, 1772.

906 Pieces diverſes, avec quelques Lettres de morale & d'amuſemens. Paris, 1746.

907 Hiſtoires choiſies, ou Livre d'Exemples. Paris, 1727.

908 Hiſtoires édifiantes, pour ſervir de Lecture aux jeunes Perſonnes de l'un & l'autre ſexe, par M. Collet. Paris, 1767.

909 Variétés ſérieuſes & amuſantes, par M. Sablier. Amſterdam, 1769. 4 vol.

910 Extrait du Journal de mes Voyages, ou Hiſtoire d'un jeune Homme, pour ſervir d'Ecole aux Peres & Meres, par M. de la Blancherie. Paris, 1775. 2 vol.

911 L'Homme du Monde éclairé. Paris, 1774.

DISCUSSIONS D'ANTIQUITÉS,

In - Octavo.

912 J. Buxrtorfi Catalecta Philologico-Theologica. Basileæ, 1707.

913 M. Geieri de Ebræorum luctu lugentiumque Ritibus. Franc. 1683.

914 J. C. Eifenfchmid de Ponderibus & Menfuris veterum Romanorum, Græcorum, Hebræorum; nec non de Valore Pecuniæ veteris. Argentorati, 1708. fig.

915 Hotomani de Re Nummaria Populi Romani. 1585.

916 Antiquitatum Romanarum brevis Defcriptio. Argentorati, 1733.

917 Everardi Ottonis de Diis vialibus plerorumque Populorum Differtatio. Halæ Madgdeb. 1714.

918 Gothof Voigti, Thyfiafteriologia, five de Altaribus veterum Chriftianorum. Hamburgi, 1709. fig.

919 Diatribe de origine & cauffis Feftorum Solemniumque Dierum quos olim Judæi in Terra Canaan, hodieque in Exilio agitare confueverunt. Auth. Johanne Meyero. Amft. 1693.

920 Joan. Nicolai Romanorum Triumphus Solemniffimus. Franc. 1696.

921 * Had. Junii Animadverfa, ejufdemque de Coma Commentarium. Rott. 1708.

922 * Joannis Harduini, Jefuitæ, ad Cenfu-

ram scriptorum veterum Prolegomena, juxta autographum. Londini, 1766.

923 J. Frederici Gronovii Observationes. Lugd. Bat. 1662.

924 * Joachimi Camerarii Decuriæ xxi, variarum Quæstionum de Natura, Moribus & Sermone. 1594.

925 De luxu & abusu Vestium nostri temporis, discursus quadraginta, per J. F. Matenesium. Col. 1592.

926 Joannis Jensii Ferculum Litterarium. Lugd. Bat. 1717.

927 Philologicarum Epistolarum Centuria una, diversorum à renatis Litteris Doctissimorum Virorum. Lipsiæ, 1674.

928 Thomæ Crenii, Fascis Exercitationum Philologico - Historicarum. Lugd. Bat. 1697-1700. 5 vol.

929 —— Museum Philologicum & Historicum. ibid. 1700. 2 vol.

930 —— Thesaurus Librorum Philologicorum & Historicorum. Ibid. 1700. —— De singularibus Scriptorum Dissertatio epistolica. Ibid. 1705. Dans le même. vol.

931 Histoire de Ptolomée Auletes, Dissertation sur une Pierre gravée antique. Paris, 1698.

932 Lettres sur la Découverte de l'ancienne Ville d'Herculane, par Mr. Correvon. Yverdon, 1770. tom. 2.

933 Dissertations on some of the most remarkable Wonders of Antiquity, by Weston. Cambridge, 1748.

934 * Observatio   n Popular Antiquities:

including the whole of M. Bourne's *Antiquitates vulgares*, with addenda to every Chapter of that Work : as alſo, an Appendix, by John Brand. Newcaſtle, 1777.

935 Vacat.

936 Traité des Combats ſinguliers, dédié au Roi par le P. Gerdil, Barnabite. Turin, 1759.

937 * Obſervations hiſtoriques & critiques ſur les Dixmes. Brux. 1780.

938 Réponſe de l'ancien des Bollandiſtes Corneille de Bye, au Mémoire de Mr. Des Roches, touchant le Teſtament de S. Remi. Brux. 1780.

939 Replique de l'ancien des Bollandiſtes Corneille de Bye. Ibid. 1781.

DICTIONNAIRES

HISTORIQUES ET LITTÉRAIRES.

In - Octavo.

940 Nouveau Dictionnaire hiſtorique, ou Hiſtoire abrégée de tous les Hommes, par une Société de Gens de Lettres. Paris, 1772. 6 vol.

941 * Extrait du Dictionaire Hiſtorique & Critique de Bayle, avec une Préface. Berlin, 1765. 2 tom. 1 vol.

942 Dictionnaire Hiſtoire & Critique, ou Recherches ſur la Vie, le Caractere, les

Mœurs & les Opinions de plufieurs Hommes célebres , tirées des Dictionaires de
Mrs. Bayle & Chaufepié , par M. de Bon-
negarde. Lyon , 1771. 4 vol.

943 Dictionnaire hiftorique portatif des Femmes célebres. Paris , 1769. 2 vol.

944 La petite Encyclopédie , ou Dictionnaire
des Philofophes. Anvers.

945 Dictionnaire des Origines , ou Epoques
des Inventions utiles , des Découvertes
importantes , & de l'Etabliffement des
Peuples , des Religions , des Sectes , &c.
&c. Paris , 1777. 6 vol.

946 Les trois Siecles de la Littérature Françoife , ou Tableau de l'Efprit de nos Ecri-
vains , depuis François I , jufqu'en 1779,
par ordre alphabétique ; par M. l'Abbé
S***. de Caftres. La Haye , 1779. 4 vol.

947 Choix de Livres François , à l'ufage de
la jeune Nobleffe , par M. le Jeune.
Londres , 1780.

948 Bibliotheque Italique , ou Hiftoire littéraire de l'Italie. Geneve , 1728. 3 vol.

949. Dictionnaire d'Anecdotes , de Traits fin-
guliers & caractériftiques , Hiftoriettes,
bons Mots , Naïvetés , Saillies , Reparties
ingénieufes , &c. Paris , 1766. 2 vol.

950 Dictionnaire d'Anecdotes , de Traits fin-
guliers & caractériftiques. Paris , 1770. 2
vol.

LANGUES

ET BELLES-LETTRES.

GRAMMAIRES, DICTIONNAIRES, &c.

In - octavo.

951 Essai synthétique sur l'Origine & la formation des Langues. Paris, 1774.

952 Les Elémens primitifs des Langues, par M. Bergier. Paris, 1764.

953 Dictionaire raisonné de Diplomatique, contenant les Regles pour déchiffrer les anciens Titres, Diplomes & Monumens; on y a joint des Planches rédigées aussi par ordre alphabétique, avec des Explications à chacune pour aider à connoître les Caracteres & Ecritures de différens Ages & Nations, par Dom de Vaines, de la Congrégation de S. Maur. Paris, 1774. 2 vol.

954 Traités historiques & critiques sur l'origine & les progrès de l'Imprimerie, par M. Fournier, le jeune. Paris, 1763.

955 Réflexions de M. l'Abbé J. Ghesquiere, sur deux Pieces relatives à l'Histoire de l'Imprimerie. Nivelles, 1780. *Bis.*

956 Abrégé des Principes de la Grammaire Françoise par M. Restaut. Brux. 1778.

957 Dictionary, in two Parts, the french before

before the English, and the English before
the French, by Jonh Aftruc. Dubl. 1770.

958 Theatrum veterum Rhetorum, Oratorum
& Delamatorum , Auth. Lud. Crefollio.
Parif. 1920.

959 Erafmi. Roterodami Liber utiliffimus
de confcribendis Epiftolis. Lugd. Bat.
1645.

960 Latini Sermonis Exemplaria è fcriptori-
bus probatiffimis; collegebat P. Chompré.
Lut. Parif. 1745.

961 Dialogues fur l'Eloquence en général , &
fur celle de la Chaire en particulier , avec
une Lettre écrite à l'Académie Françoife,
par M. Fénélon. Paris , 1740.

926 Mémoire & Lettres fur l'Etude de la Langue Grecque, par M. le Marquis du Chaf-
teler. Brux. 1781.

963 T. S. Bayeri Mufeum Sinicum , in quo
finicæ Linguæ & Litteraturæ Ratio ex-
plicatur. Petropoli , 1730. 2 vol.

964 Un petit Livre Arabe, manufcrit.

LIVRES CLASSIQUES,

GRECS ET LATINS.

In - Octavo.

965 Hefiodi Opera , quæ quidem extant, omnia Græcè , cum Interpretatione Latina.
Bafileæ , 1559. 2 tom. 1 vol.

O

966 Theognidis , Phocylidis , Pythagoræ , So-
lonis , aliorumque veterum Poëmata Gno-
mica , Græcè & Latinè. Parif. 1627.

967 Phalaridis Agrigentinorum Tyranni Epiftolæ. Oxonii , 1718. Latin & Grec.

968 Tragédies Grecques de Sophocle , trad.
en François , avec des Notes critiques ,
par M. Dacier. Amft. 1693.

969 Berofi Sacerdotis Chaldaici , Antiquitatum Libri quinque. Wittebergæ , 1612.

970 Remarks on the Life and Writings of
Plato. Edinburgh , 1760.

971 Œuvres de Platon , trad. en François ,
avec des Remarques , par Mr. Dacier.
Amft. 1744. 2 vol.

972 Les mêmes Œuvres. Paris , 1701. 2 vol.

973 Athenæi Deipnofophiftarum five Cœnæ fà-
pientum Libri xv , Natale de Comitibus
Veneto , nunc primum è Græca in Lati-
nam Linguam vertente. Paris , 1556.

974 Epicteti Enchiridion , & Cebetis Tabula ,
Græcè & Latinè. Lugd. Bat. 1634.

975 Lucien , de la Traduction de N. Perrot
Sr. d'Ablancourt. Paris , 1660. 2 vol.

976 Fragmenta Poetarum veterum Latinorum.
1564.

977 Quinti Horatii Flacci Opera , Londini
Æneis Tabulis incidit Johannes Pine 1733.
gravé au burin. 2 vol. fig. marr. bleu ,
doré fur tr. & pl. grand pap.

978 Q. Curtius Rufus , de Rebus geftis Alexandri Magni. Brux. 1778.

979 Cornelius Nepos , de Vitis excellentium
Imperatorum. Brux. 1778.

980 Caii Velleii Paterculi, Hiſtoriæ Romanæ Libri duo. Ibid. 1778.
981 Caii Salluſtii Criſpi Opera. Ibid. 1778.
982 Julius Cæſar de Bello Gallico. Ibid. 1778.
983 Hiſtoriæ Romanæ Res memorabiles. Ibid.
1778.

POÉSIES ET CRITIQUES Y RELATIVES.

In-octavo.

984 Sarcotis, Carmen, auth. J. Maſenio,
cura & ſtudio J. Dinouart. Col. Agrip.
1757. —— Le même, trad. du Latin, par
M. l'Abbé Dinouart. Lond. 1757. Dans
le même vol.
985 Roland furieux, Poëme héroïque de l'A-
rioſte, traduction nouvelle, par M***.
Amſt. 1756. 4 vol.
986 Jéruſalem délivrée, Poëme héroïque du
Taſſe. Amſt. 1763. 2 tom. 1 vol.
987 Shakeſpear, trad. de l'Anglois. Paris,
1779. 11 vol. manque tom. 7 & 8.
188 Othello, the Moor of Venice, Tragedy.
— The Orphan. — The London Mer-
chant. — Tamerlane. — Mariamne. —
and Cato, Tragedies. London, 1734-
1743. Tout dans le même vol.
989 The Canons of Criticiſm and Gloſſary,
being a Supplement to M. Warburton's
edition of Shakeſpear, by the other
Gentleman. London, 1750.

990 An Essay on the Writings and Genius of Shakespear, compared with the Greek and French Dramatic Poets, with some Remarks upon the Misrepresentations of M. de Voltaire. London, 1772.

991 Hudibras, Poëme écrit dans le temps des Troubles d'Angleterre, & traduit en Vers François avec des Remarques, & figures. Lond. 1757. 3 vol. François & Anglois.

992 Vacat.

993 The Works of A. Pope. Lond. 1740. vol. 1. part. 1.

994 Idem. ibid. 1743. vol. 2. part. 2.

995 * Essai sur l'Homme, par M. Pope. Lond. 1736.

996 La Dunciade, Poëme en dix Chants. Londres, 1771. 3 vol.

997 An Essay on the Writings and Genius of Pope. Lond. 1756.

998 * Recueil de Pieces en Vers & en Prose, par l'Auteur de la Tragédie de Sémiramis. Amst. 1750.

999 Réflexions philosophiques & littéraires sur le Poëme de la Religion naturelle. Paris, 1756.

1000 Œuvres de M. Gresset. Londres, 1755. tom. 2.

1001 Œuvres de Théatre de M. Diderot. Brux. 1761. 2 tom. 1. vol.

1002 La Mort d'Abel, Poëme en cinq Chants, trad. de l'Allemand de M. Gesner, par M. Huber. Geveve, 1765.

1003 Wilhelmine, Poëme héroï-comique, par M. Huber. Lond. 1774. 3 vol.

1004 Paftorales & Poëmes de M. Gefner, trad.
de l'Allemand. Paris, 1766.
1005 Vacat.
1006 Jocafte, Tragédie en cinq Actes. Paris,
1781.
1007 Fables choifies par M. de la Fontaine.
Paris, 1745. part. 1.
1008 Les mêmes. Ibid. 1759. tom. 1r. fig.
1009 Les Fables Egyptiennes & Grecques,
par Dom Antoine Jofeph Pernety. Paris, 1758. 2 vol.
1010 The Pleafures of Imagination, a Poem,
by Mark Akinfide. London, 1744. — Le
Théatre de l'Univers, Poëme, par M.
de la Cer * * *. Amfterd. 1746. — A free
examination of the common Methods
employed to prevent the Growth of Popery. Lond. 1766. Tout dans le même
volume.
1011 An Effay on the application of natural
Hiftory to Poetry, by J. Aikin. Warrington, 1777.

JOURNAUX, CATALOGUES, &c.

In-octavo.

1012 Nouvelles de la République des Lettres.
Amft. depuis le mois de Mars 1684 jufqu'au mois d'Avril 1689. 20 vol. fig.
1013 The London Magazine : or , Gentleman's Monthly Intelligencer, from the

year 1732 to the year 1737. London. 6 vol.

1014 The annual Regifter, or a View of Hiftory, Politics, and Litterature, for the year 1774. Lond. 1775.

1015 The Remenbrancer, or impartial Repofitory of public Events. Lond. 1775.

1016 Journal hiftorique. Lond. 1776. tom. 1, 3, 4, 5 & 7.

1017 Théatre critique, ou Difcours fur toutes fortes de matieres. Paris, 1742. tom. 1.

1018 Correfpondance littéraire, par M. l'Abbé Sabatier. Lond. 1780.

1019 Mufeum Meadianum, five Catalogus Nummorum, veteris Ævi Monumentorum, ac Gemmarum, cum alius quibufdam artis recentioris & naturæ operibus, per Rich. Mead. Lond. 1755. 2 part. 1 vol.

* 1020 Catalogue d'une nombreufe Collection de Livres, de Tableaux, de Deffins, d'Eftampes, de Porcelaines, &c. Anvers, 1769. — Oryctographiæ Pedemontanæ fpecimen, exhibens Corpora Foffilia Terræ adventitia, Autore Car. Allionio. Paris, 1757. — * Six Letters from A-d B-r to father Sheldon, Lond. 1756. — * Mr. Archibald Bower's affidavit in Anfwer to the falfe accufation brought againft him by Papifts. Lond. 1756. Tout dans le même vol.

1021 La Galerie Electorale de Duffeldorf, ou Catalogue raifonné de fes Tableaux, par Nicolas de Pigage. Brux. 1781.

* 1022 Diplomata & Statuta Regalis Societatis Londini pro Scientia naturali promovenda. Lond. 1752. — Collection of Declarations, Proclamations, and other valuable Papers. Edinb. 1749. — * Man a Machine, tranſlated from the french of the Marquis d'Argens. Lond. 1749. — Diſſertation on Prochecy, by Robert. ibid. 1749. Tout dans le même volume.

1023 A conciſe account of the Riſe, Progreſs, and preſent State of the Society for the encouragement of Arts, Manufactures and Commerce, by a Member of the ſaid Society. Lond. 1763. & autres Pieces dans ce volume touchant les mêmes ſujets.

1024 The Hiſtory of inland Navigations. London, 1779. avec deux Cartes géographiques.

1025 Stowe : a Deſcription of the magnificent Houſe and Gardens of the right honourable Richard Grenville Temple, Earl Temple, Viſcount and Baron Cobham. Lond. 1769. fig.

1026 Eloge hiſtorique de Marie-Thereſe, Impératrice, &c. par M. l'Abbé Lambinet. Liege, 1781.

7027 Oraiſon funebre de Charles-Alexandre, Duc de Lorraine & de Bar. ibid. 1780.

1028 Le Rendez-vous du Parc, Poëme héroïque en 4 Chants. 1781.

9 782013 687843